Über dieses Buch

Ausgangspunkt dieses Buches ist ein Fernsehfilm der Autorin Heide Nullmeyer aus der Reihe »Nicht so passiv, wie man denkt« von Radio Bremen, der unter dem Titel »Ich heiße Erika und bin Alkoholikerin« im Juli 1979 gesendet wurde. Er fand so große Resonanz bei den Zuschauern, daß er im April 1980 im Abendprogramm wiederholt wurde.
Im Mittelpunkt des Films wie des Buches steht Erika, 39 Jahre, vier Kinder, in zweiter Ehe verheiratet mit Fritz, ebenfalls Alkoholiker. Sie lernten sich 1973 in der Bremer Suchtklinik kennen. Beide sind seit rund sechs Jahren »trocken«, haben seit dieser Zeit keinen Tropfen Alkohol mehr getrunken. In beeindruckender Offenheit erzählen Erika und andere Betroffene ihre Leidensgeschichte als Alkoholiker. Sie beschönigen nichts. Sie beschreiben ihren Weg in den Alkoholismus – eine Krankheit, die von vielen immer noch als persönliches Versagen, als Willens- und Charakterschwäche angesehen wird –, ihre Ängste, verzweifelten Kämpfe und die qualvollen Phasen des »Trockenwerdens«. Angehörige berichten von ihren verzweifelten Versuchen, den Partner vom Alkohol wegzubringen. Daneben stehen Protokolle von Gesprächen bei Gruppentreffen der Anonymen Alkoholiker und deren Angehörigen-Organisation AL-ANON.
Das Buch will Mut machen, will helfen, Vorurteile abzubauen, einen Weg zeigen, den Teufelskreis der Alkoholkrankheit mit Unterstützung von Selbsthilfegruppen zu durchbrechen.

Die Autorin

Heide Nullmeyer, Jahrgang 1940, kaufmännische Ausbildung, mehrjähriger Auslandsaufenthalt, Redaktionsassistenz beim Fernsehen von Radio Bremen, seit 1971 dort freie Filmemacherin und Autorin mit Schwerpunkt Sozialkritik und frauenspezifischen Themen. Wichtigste Sendungen: »Wen schützt der § 218?«; »Wer kann's mit 14 wissen? – Die Praxis der Berufsberatung«; »Lebenslauf einer Krankenschwester«; »Dennoch wollen sie bleiben – Griechische Jugendliche in Bremen«; »Porträt einer Straße – Die Ritter-Raschen-Straße in Bremen«; »Keiner schiebt uns weg – Frauengruppe Erwitte«; »... wo hätte ich denn hingehen sollen – Das Bremer Frauenhaus«.

Heide Nullmeyer

Ich heiße Erika und bin Alkoholikerin

Betroffene und Angehörige erzählen

Beispiele für die Überwindung einer Krankheit

Fischer
Taschenbuch
Verlag

Lektorat: Ingeborg Mues

Fotos: Mathias Brüninghaus, Bremen.
Alle Fotos entstanden während der Dreharbeiten zum Film »Ich heiße Erika und bin Alkoholikerin« im Februar 1979.

Originalausgabe
Fischer Taschenbuch Verlag
1.–15. Tausend: Mai 1980
16.–20. Tausend: Dezember 1981

Umschlagentwurf: Jan Buchholz/Reni Hinsch
Foto: Mathias Brüninghaus

Fischer Taschenbuch Verlag GmbH, Frankfurt am Main

Gesamtherstellung: Hanseatische Druckanstalt GmbH, Hamburg
Printed in Germany
780-ISBN-3-596-23808-0

Inhalt

Vorwort

Gerne war ich bereit, das Vorwort zu diesem Buch zu schreiben, da mich mit Fritz der Beginn seiner Genesung besonders verbindet, ich aber auch vielen anderen in den Selbsthilfegruppen aus dem Hintergrund behilflich sein konnte. Es wird für mich ein Versuch bleiben, den subjektiven Aussagen der Betroffenen über die Überwindung ihres Leidens einige objektive Angaben über deren alle Lebensbereiche überschattende Krankheit gegenüberzustellen. Dieser Alkoholopathie oder einfach gesagt Trunksucht als dem sozialmedizinischen Problem Nummer 1 könnte bestenfalls ein dickes Werk vieler Autoren gerecht werden. Darin müßten dann einerseits Wissenschaftler vieler verschiedener Sachgebiete ebenso Stellung beziehen, wie andererseits Suchtkranke über ihre Symptomatik und ihre Erfahrungen zu berichten hätten.
Im vorliegenden Buch kommen die »Spezialisten der Praxis« zu Wort, d.h. Betroffene und Angehörige berichten über ihre persönlichen Erfahrungen mit dem Alkoholismus. Derartige Informationen vermögen ein menschliches Verständnis zu entzünden, sich mit einem Schicksal zu befassen, das möglicherweise in Kürze das des Lesers sein kann. In dem einen oder anderen wird sich nach anfänglich stärkerem Unbehagen gegenüber dem eigenen Trinkverhalten die Frage formulieren: »Wann merke ich, daß ich gefährdet bin; woran stelle ich fest, ob die Suchtkrankheit bei mir bereits ausbrach?«
Der in der Suchtarbeit Erfahrene darf sich ebensowenig wie der Suchtkranke oder auch der Journalist der wirklichkeitsfernen Meinung hingeben, Appelle an die Vernunft und bessere Einsicht der Allgemeinheit vermöge die Gesellschaft von negativen Klischees zu befreien. Tatsächlich verändert eine gründliche und gezielte Aufklärung – also ein rein vernunftsdiktiertes Vorgehen – diskriminierende Vorurteile über psychisch Kranke nicht. Vielmehr werden zu intensiv betriebene Appelle und Aufklärungen von der Gesellschaft nicht nur abgelehnt, sondern sogar abgewehrt, wie die Untersuchung des kanadischen Ehepaares CUMMING zeigen. Es hatte Anfang der 50er Jahre in zwei kanadischen Kleinstädten die Einstellung der Bevölkerung gegenüber

seelisch-geistig Kranken untersucht und versucht, diese mit Hilfe der Massenmedien, d.h. von Rundfunk, Zeitung und Fernsehen, durch einen Aufklärungsfeldzug zu verändern. Es stellte sich heraus, daß seitens der Bevölkerung die Vorurteile nicht nur bewahrt wurden, sondern sich darüber hinaus Ungeduld und Unbehagen entwickelten, die letztendlich in eine Verschärfung der Ablehnung psychisch, also seelisch-geistig Kranker einmündeten. Diese Erscheinung ging unter der Bezeichnung »Bumerang-Effekt« in die Wissenschaft ein.

In seinem Buch über die »Isolation psychisch Kranker« weist der Bremer Psychiater STEFAN WIESER nach, daß die vermeintliche Unberechenbarkeit und angebliche Gefährlichkeit Ursache des Grundkonfliktes zwischen dem Kranken und der ihn umgebenden Gesellschaft ist. Letztere verzeihe dem ersten nicht, daß er sich nicht verändert und sich nicht gekonnt anpaßt. Daß hierbei der Versuch einer Anpassung nicht ausreicht, verdeutlicht das Mißverständnis der Umwelt gegenüber der häufig von Suchtkranken gezeigten Unterwürfigkeit oder gegenüber ihren Trotzreaktionen. »Je arbeitsteiliger, differenzierter und spezialisierter die soziale Ordnung ist, desto größer scheint ihre Gefährdung durch die bloße Existenz eines solchen Kranken. Die einfachste Sozialhaltung scheint dem Auffälligen seinen bisherigen Rang und seine Rolle zu nehmen«, ihn anfangs sozial und später lokal zu isolieren. Statt dessen wäre die wichtigste Aufgabe der Gesunden oder der Wiedergesundeten, in der Gesellschaft das Bewußtsein zu wecken, daß der Mensch generell suchtgefährdet ist.

Die Verteufelung des Alkohols, der so tief in unsere christlich-abendländische Kultur eingebettet ist, scheint kein gangbarer Weg. Vielmehr bedarf es einer langen, vorsichtigen Vorsorge, deren Ziel es sein müßte, in unserer Zivilisation die Gefahr des »Giftes Alkohol« bekannt zu machen und die Notwendigkeit eines gekonnten Umganges erlernen zu lassen. Das Individuum wird durch die Giftigkeit der Droge ebenso gefährdet wie die Menschheit durch die von ihr erdachte Technik, mit der sie gleichfalls zu leben hat.

So ist die Abhängigkeit vom Alkohol auch weder eine Erkrankung unserer Zeit noch unseres Gesellschaftssystems. Einer Studie des britischen Landwirtschaftsministeriums ist zu entnehmen, daß Großbritannien bereits 1689 einen Pro-Kopf-Jahresverbrauch von 474 Litern Bier verzeichnen konnte gegenüber einem Konsum von lediglich 120 Litern im Jahre 1975. 1950 erreichte der Konsum von reinem Weingeist einen tiefsten Wert pro Einwohner Deutschlands mit 3,27 Litern und stieg in den folgenden Jahren bis zu einem vorläufigen absoluten Höhepunkt im Jahre 1975 mit 12,4 Litern Pro-Kopf-Verbrauch reinen Alkohols. In den Notjahren wurde vom Armutsalkoholismus, heute vom Wohlstandsalkoholismus gesprochen. Ein »epidemisches Ausmaß« der Alkoholkrankheit, so wurde anläßlich einer interministeriellen Sitzung 1978 in Bayern gesagt, zeigt sich am ehesten in dem letzten Jahrzehnt für Frauen und Jugendliche. Hatte Chruschtschow den Alkoholmißbrauch noch als Hinweis auf den kapitalistischen Verfall einzuordnen versucht, ringen heute mehr oder weniger offen Politiker in sozialistischen Ländern verzweifelt mit den Folgen eines in seinem Umfang für uns schwer vorstellbaren Alkoholmißbrauchs ihrer Bürger.

Ursprünglich bemühten sich caritative Verbände um die Alkoholiker. In seinem Buch »Das Trinkverhalten der Deutschen« sagt STEFAN WIESER: »Aus den Gedanken der brüderlichen Mitverantwortung für den, der durch Untugend und Laster sich selbst und seine Eigenen in Not bringt, wurde die praktische Alkoholiker-Fürsorge betrieben. Die von den Verbänden angestrebte Abstinenz war der Ausdruck einer ideologischen Haltung, nicht aber das Resultat psycho-hygienischer Erwägungen.« Die Ärzte behandelten die körperlichen und geistig-seelischen Folgeerkrankungen, wenngleich seit vielen Jahren weitblickende Mediziner die seelische Verursachung und die sozialen Hintergründe des chronischen Alkoholkonsums erkannten. Der Ansatz und die Technik der psychologischen und soziologischen Untersuchungsmethoden waren jedoch bei gleichzeitig bestehender biologischer Orientierung der medizinischen Wissenschaft unzureichend entwickelt.

In der Gegenwart sieht man die Ursache der Krankheitsbildung neben erblichen Momenten in frühkindlich gesetzten psychischen und sozialen Störungen. »Es wäre sicherlich verfehlt, dieses allmähliche Umdenken von der Versorgung der hoffnungslosen Endstadien zur Früherkennung und rechtzeitigen Erfassung der Gefährdeten allein mit theoretischem Interesse erklären zu wollen. Entscheidend haben die Gedanken zur Umorientierung beigetragen, die man auch sonst in der Praxis moderner Vorsorgemedizin und in der Sozialhygiene wirken sieht.« In Amerika wurde 1935 eine Selbsthilfebewegung – die Anonymen Alkoholiker – gegründet, die sich zur Aufgabe stellte, ehrlich und offen über ihre eigene Alkoholkrankheit zu sprechen, um ihrer auf diesem Wege Herr zu werden. Hierdurch

wurde eine breite wissenschaftliche Arbeit möglich. In den 40er Jahren untersuchte der amerikanische Sozialmediziner E. M. JELLINEK mit seinen Mitarbeitern 2000 männliche Alkoholiker in den USA. Als Fachmann für Alkoholprobleme der Weltgesundheitsorganisation unterbreitete er 1951 einer Fachkommission der Vereinten Nationen ein Schema über die Phasen der Alkoholsucht. Hierdurch wurde eine allgemeine systematische Beobachtung und Untersuchung der verschiedenen Stadien, also eine wissenschaftliche Bearbeitung in der Praxis möglich.
Noch heute haben seine Vorstellungen Gültigkeit. Er gliedert die Alkoholiker in fünf Gattungen, die er nach dem griechischen Alphabet benannte. Diejenigen, die man den beiden ersten Gruppen zurechnen muß, die alpha- und beta-Alkoholiker – nach dem Berliner Arzt Lothar Schmidt, Präsident der Internationalen UNO-Kommission zur Verhinderung des Alkoholismus, handelt es sich um 39 Prozent der bundesdeutschen Erwachsenen – sind zwar unmäßige Trinker, jedoch sind diese im Gegensatz zu den anderen Typen nicht als krank zu bezeichnen.
Der Krankheitsverlauf gliedert sich nach JELLINEK in vier Phasen, nämlich in eine voralkoholische, symptomatische Phase, in der die Erleichterung innerer Spannungen erreicht werden kann. Nach einer Steigerung des Alkoholkonsums folgt die prodromale Phase oder Vorstufe, in der der Betroffene sich seines anderen Trinkstiles bewußt wird, heimlich zu trinken beginnt und Gedächtnislücken aufweist. Nach frühestens einem halben und spätestens nach fünf Jahren tritt der Kranke in die kritische Phase über, die durch Kontrollverlust über den Alkoholkonsum gekennzeichnet ist. Kurzfristige Abstinenzperioden werden eingehalten, Rechtfertigungssysteme aufgebaut, und der Beginn der Vereinsamung zeichnet sich ab. Ein hohes Selbstmitleid verbindet sich mit verzweifelter Angst, den notwendig gewordenen Alkohol nicht mehr zur Hand zu haben, so daß versteckte Vorräte angelegt werden. Der morgendliche Nüchterntrunk wird aufgenommen. Langsam geht dieser Zustand in die chronische Phase über, die mit langdauernden Rauschzuständen, einer verminderten Alkoholverträglichkeit und Abbau sittlicher Gefühle einhergeht. Ausgeprägte körperliche und geistige Störungen greifen um sich. Da die Rechtfertigungsversuche scheitern und Verteidigungssysteme ebenso abbröckeln, wie das Selbstvertrauen zusammenbricht, beginnt jetzt – so stellte bereits JELLINEK fest – der Zeitpunkt, ab welchem der Alkoholiker einer Behandlung und der Hilfe von außen zugänglich wird. Der auf

jeden Menschen besonders zugeschnittene »Tiefpunkt« ist erreicht und entsprechend vielfältig gestaltet.
Nachdem das Jellineksche Krankheitskonzept allgemeine wissenschaftliche Anerkennung gefunden hatte, folgte 1968 das deutsche Bundessozialgericht mit einem Urteil, in welchem es die Alkoholopathie als Krankheit im Sinne der Reichsversicherungsordnung anerkannte. Die Erklärung der Weltgesundheitsorganisation, die heute allgemeine Gültigkeit besitzt, besagt: »Alkoholiker sind exzessive Trinker, d.h. übermäßige Trinker, deren Abhängigkeit vom Alkohol einen solchen Grad erreicht hat, daß sie deutlich geistige Störungen oder Konflikte in ihrer körperlichen und geistigen Gesundheit, in ihren mitmenschlichen Beziehungen, ihren sozialen und wirtschaftlichen Funktionen – oder Vorzeichen einer solchen krankhaften Entwicklung – aufweisen.« Die Kostenübernahme der Krankheitsbehandlung erfolgte nunmehr durch die Krankenkassen statt durch die Rentenversicherer, die bisher die Entziehungskuren getragen hatten.
Die Einordnung der Alkoholabhängigkeit unter die Krankheiten verminderte die moralischen Ängste der Betroffenen. Hierauf begann die Aufhellung der Dunkelziffern, anfänglich bei den Männern und später auch bei den Frauen. Die nun folgenden finanziellen Probleme trugen zweifellos dazu bei, daß 1972 das Bundesarbeitsgericht erneut den Begriff der »schuldhaften Verursachung«, also den moralischen Bereich ins Gespräch brachte. Das Zusammentreffen politischer Umstände ermöglichte nach einem entsprechenden Sozialgerichtsurteil vom Februar 1978 im November eine Vereinbarungsempfehlung über die Kostenteilung seitens der Bundesverbände der Krankenkassen und der Rentenversicherer. Seither wird das umfassende Therapiegeschehen in eine medizinische Behandlung und eine soziale Rehabilitation zergliedert. Diese Entwicklung läßt befürchten, daß die inzwischen erreichte Einstellung der Gesellschaft zur Alkoholabhängigkeit, es handele sich um eine Krankheit, zurücksinkt in eine ausschließlich soziale und vielleicht moralische Beurteilung.
Auf verschiedene Weise wurde – bisher ungelöst – versucht, die Verbreitung des Alkoholismus zu berechnen. Zu tiefgreifend für Vergleiche ist auch der Unterschied zwischen dem Alkoholkonsum in den sogenannten Weinländern, Bierländern und Branntweinländern. In den Weinländern liegt der pro Einwohner berechnete Durchschnittsverbrauch sehr hoch, weil eine große

Zahl der Erwachsenen täglich alkoholische Getränke ihren Sitten entsprechend, z.B. zu den Mahlzeiten, konsumiert. Zu dieser Verbrauchsform steht jedoch der Alkoholismus, dem der personengebundene Gebrauch zugrunde liegt, im Widerspruch. Dennoch ist davon auszugehen, wie K. Bättig vom Schweizer Institut für Hygiene und Arbeitsphysiologie der ETH feststellte, daß die Zahl der exzessiven Konsumenten um so größer ist, je höher der durchschnittliche Gesamtalkoholkonsum eines Landes ist.

Der französische Mediziner M.-E. Debove bestätigte, daß es wohl auf die Menge des genossenen Alkohols, jedoch nicht auf die Qualität, die beigefügten Essenzen, den Verdünnungsgrad u.a. ankomme. Viel wichtiger sei die Rolle von zweitrangigen Umständen wie die der Billigung und Mißbilligung auch stärkeren Alkoholgenusses durch die öffentliche Meinung und die Landessitten, der Beschränkung des Alkoholkonsums mehr oder weniger auf die Mahlzeiten, des Anteils der stark alkoholhaltigen Getränke am Gesamtkonsum und anderes mehr.

Bei den Bemühungen, die Häufigkeit der Alkoholkrankheit zu berechnen, wird heute von einer Quote von etwa 2 bis 3 Prozent der Gesamtbevölkerung ausgegangen, ohne daß dieses aber wissenschaftlich begründbar ist. In kleineren Auszählungsbereichen wurde in verschiedenen Ländern, so auch in der Schweiz, eine Krankheitshäufigkeit von über 10 Prozent festgestellt. Untersuchungen über die Kosten, die der Alkoholismus verursacht, lassen mindestens auf 1 Prozent des Bruttosozialproduktes der einzelnen Staaten schließen. Einer Hochrechnung für die Bundesrepublik zufolge dürften die Belastungen an die Milliardengrenze reichen. Eine Verminderung der Belastung durch den Alkoholismus sei nur dann zu gewinnen – so konstatierte S. Ledermann vom Nationalen Demographischen Institut in Paris –, wenn der gesamte Alkoholkonsum vermindert würde.

Als charakteristisches Grundsymptom der Alkoholkrankheit gilt die Unfähigkeit, sich des Alkohols zu enthalten und den eigenen Konsum zu kontrollieren. Darüber hinaus wies neben anderen Forschern auch W. Feuerlein vom Max-Planck-Institut für Psychiatrie in München bei der Erarbeitung seines »Münchener Alkoholtests« nach, daß zur Diagnostik der Alkoholopathie eine große Anzahl weiterer Krankheitszeichen, sogenannter Parameter, herangezogen werden muß. Die meisten Symptome des Alkoholismus sind unspezifisch und uncharakteristisch.

Sie bekommen erst durch die Vorgeschichte des Alkoholmißbrauchs ihre diagnostische Bedeutung. Da in unserer Gesellschaft der Alkoholkonsum weder als abnorm noch als krankhaft eingestuft wird, dürfte es überraschen, daß lediglich relativ kleine Mengen Alkohols vom Organismus vertragen werden, bis körperliche Folgeerkrankungen auftreten. Es ist davon auszugehen, daß die kritische Menge bei Frauen bereits etwa 20 g und bei Männern etwa 60 g reinen, regelmäßig genossenen Alkohols beträgt. Es scheint unglaublich, doch dies besagt, daß eine Frau nicht mehr als einen halben Liter Bier, das wären anderthalb 0,3-Literflaschen Bier, pro Tag trinken darf oder aber 0,2 Liter Wein (10prozentig), was etwa 6 bis 7 Gläsern entspräche, oder aber nur knapp anderthalb Glas 40prozentigen Whisky zu sich nehmen darf, da sonst die Gefahr körperlicher Reaktionen droht. Auf den Mann übertragen wäre die Menge etwa anderthalb Liter, das wären viereinhalb Flaschen (0,3 Liter) Bier oder aber 0,6 Liter Wein oder aber 4 Glas Whisky, was etwa siebeneinhalb kleinen 40prozentigen Schnäpsen entspräche.
In den meisten Fällen muß bei den Aussagen von Alkoholkranken mit einer Verleugnungs- und Bagatellisierungstendenz hinsichtlich der Höhe des Alkoholkonsums, der Stärke der alkoholbedingten Schäden und des Zusammenhanges zwischen Alkoholkonsum und Schäden gerechnet werden. Das Eingeständnis vor sich und anderen, durch Alkohol Konflikte und Probleme hervorgerufen zu haben, wie auch das der Ohnmacht und Hilfsbedürftigkeit gegenüber der Alltagsdroge Alkohol stellt meist eine schwere Kränkung der Selbstwertgefühle des Kranken dar und wird daher so lange wie möglich verdrängt, verleugnet und verharmlost. Besteht aber eine derartige Abwehrhaltung, so ist weder eine ausreichende Diagnostik noch eine tragfähige Behandlung möglich. Die Einstellung zum Alkoholismus ist bei Frauen noch negativer als bei der männlichen Bevölkerung, daher ist der weibliche Alkoholismus z. Zt. noch seltener. Auch Scham- und Schuldgefühle bei trinkenden Frauen sind hochgradiger. Unsere kulturellen Normen hindern einerseits die Frau, Alkoholikerin zu werden, andererseits aber beschleunigen sie den Krankheitsprozeß. Das Entlastungsmotiv ist bei den Frauen stärker als das Bedürfnis, Alkohol zum Spannungslösen und zur Selbstbelohnung zu sich zu nehmen.
Entgegen immer wieder aufgestellter Behauptungen kann die Therapierbarkeit der Alkoholabhängigkeit heute nicht mehr bestritten werden. Allerdings haben sich ausschließliche Einzelbe-

handlungen wie auch psychoanalytische Therapien nicht hinlänglich bewährt. Dem vielfältigen Ursprung der Krankheit – der multifaktoriellen Genese – muß ein Bündel von therapeutischen Maßnahmen – multidimensionale Therapie genannt – entgegengestellt werden. Auf die anfänglich überwiegend körperliche Behandlung muß später die überwiegend psychosoziale, das Gefühl ansprechende Therapie folgen. Jede ambulante oder klinische Behandlung sollte auf die Gruppentherapie der Selbsthilfegruppen hinführen, da der Betroffene sein Leben lang den krankhaften Zustand der Abhängigkeit behalten wird, gleichgültig wie gesund er äußerlich wirkt. Er bedarf während seines ganzen weiteren Lebens ausreichender Kontakte mit Gleich-Kranken, die ihn an seine Gesundheitsverpflichtung erinnern, aber auch als Minderheit in der Gesamtgesellschaft stützen. Einvernehmen besteht auch darüber, daß der Anschluß an Selbsthilfegruppen klinische Behandlungen vermeiden kann, wie er die Chance in sich birgt, die Gefahr des Rückfalles deutlich zu vermindern.
Alle die hier oben aufgeführten sachlichen Angaben finden ihre Deckung und Bestätigung in den Ausführungen von Erika, ihrer Familie und von anderen Betroffenen. Diese enge geistige und gefühlsmäßige Verbundenheit sollte uns allen aufzeigen, daß der Fachmann von dem Betroffenen wie der Kranke von dem berufsmäßig in der Suchtarbeit Tätigen wechselseitig lernen kann und muß. Vor diesem Hintergrund ist dieses Buch eine wertvolle Lektüre.

Bremen, Dezember 1979 Dr. med. A. D. Baumann

Wie dieses Buch entstand

Vor vier Jahren – während der Dreharbeiten zu einem Film über alleinstehende Mütter und deren Probleme – traf ich Erika zum ersten Mal. Sie war mir als eine sehr engagierte, mutige Frau geschildert worden. Ihre Aussagen haben mich damals sehr erschüttert. Ich mußte im Laufe dieser vier Jahre oft an sie denken. Sie erzählte, daß sie und ihre drei Kinder von ihrem Mann, einem gewalttätigen Alkoholiker, mehrfach aus dem Haus geworfen wurden. Ihr Mann hatte die Wohnung zertrümmert, sie und die Kinder geschlagen und gedroht, sie umzubringen. Tagelang hatten sie auf einer Polizeiwache verbracht und standen kurz vor der Unterbringung in ein Obdachlosenasyl.
Damals erzählte Erika auch, daß sie selbst Alkoholikerin sei, aber seit einiger Zeit nicht mehr trinke.
Ich wußte zu dieser Zeit sehr wenig über das Alkoholproblem, erinnere mich aber noch daran, daß es mir merkwürdig vorkam, daß sie »ich bin« sagte, obwohl sie doch nicht mehr trank. Daß Alkoholismus eine Krankheit ist, die zwar zum Stillstand gebracht, nicht aber geheilt werden kann, daß ein Alkoholiker also ein Leben lang Alkoholiker bleibt, von all dem wußte ich nichts. Ich hätte möglicherweise damals ähnlich argumentiert wie viele Menschen noch heute: »Wenn er nur genug Willen aufbringt, wird er es schon schaffen.«
Durch einen Vorfall im Freundeskreis bin ich wenig später hautnah mit dem Problem konfrontiert worden. Ich hatte einer Freundin, von der ich annahm, sie sei wegen eines Kreislaufzusammenbruchs im Krankenhaus behandelt worden, angeboten, sich einige Tage bei uns zu erholen. Bei ihrer Ankunft tranken wir zum Essen Wein. Ich wußte von ihrem Alkoholproblem nichts. Zwei Tage später fand ich sie, als ich abends nach Hause kam, in einem entsetzlichen Zustand. Sie hatte sich beim Kämmen die Nase zerstochen, weil sie ihre Bewegungen nicht mehr kontrollieren konnte. Unter Anstrengung aller Kräfte hatte sie sich angezogen, obwohl sie auch dazu kaum noch fähig war.
Ich zeigte Verständnis, weil ich dachte, sie habe ihren Kummer wegen ihrer bevorstehenden Scheidung durch Alkohol zu lindern versucht. Wenn ich ihr gut zurede, meinte ich, werde sie

sich wieder fangen. Aber ihr Zustand wurde schlimmer. Zwei Tage später, sie stand jetzt schon nicht mehr auf, rief ich verzweifelt den Arzt an, der sie in der Klinik behandelt hatte, und schilderte ihm die Situation. Er erklärte mir, daß sie Alkoholikerin sei und gerade einen Entzug hinter sich hatte. Er empfahl mir, sie sofort nach Hause zu bringen. Seine Worte: »Sie können gar nichts tun« klingen mir noch heute in den Ohren.

Ich nahm Kontakt zu den Anonymen Alkoholikern (AA) auf. In den Gesprächen mit ihnen ist mir klargeworden, was der Arzt gemeint hatte: Hilfe durch Nichthilfe. Wir haben meine Freundin dann in ihre Wohnung gebracht.

Ich konnte es damals kaum ertragen, daß sie sich nicht meldete, wenn ich anrief. Sie hat, wie ich später erfuhr, noch tagelang weitergetrunken, bis sie freiwillig in eine Suchtklinik ging, diesmal, um eine Therapie zu machen.

Die Gruppenabende bei den Anonymen Alkoholikern haben mich nachhaltig beeindruckt. Ihr Bekennermut, ihre Ehrlichkeit und ihr fast missionarischer Eifer, anderen das Wunder ihrer »Rettung« nahezubringen, haben mich sehr berührt.

Meine Kollegin und Freundin, Friederike Köster, hat aus eigener Betroffenheit versucht, mir in stundenlangen, aufreibenden, aufregenden, aber sehr schönen Gesprächen das Programm und die Tradition der Anonymen Alkoholiker klarzumachen. Sie hat wesentlich dazu beigetragen, daß ich die Sucht und ihre Auswirkungen auf Betroffene und deren Familien auch gefühlsmäßig verstanden habe. Für ihr Engagement und ihren Rat, auch bei der Fertigstellung dieses Buches, möchte ich ihr ganz besonders herzlich danken.

Als in der Redaktion das Thema Alkoholismus diskutiert wurde, war uns von vornherein klar, daß der Film Mut machen sollte. Er sollte zeigen, daß es möglich ist, den Teufelskreis des Alkoholismus zu durchbrechen. Erika war dafür ein Beispiel.

Aufzuklären und Mut zu machen ist auch Anliegen dieses Buches.

Erschreckt hat mich die Übereinstimmung vieler Lebensläufe. Nicht geliebt, von den Eltern abgelehnt, diese Erfahrungen ziehen sich wie ein Leitthema durch die einzelnen Schicksale. Die epd-Kritikerin Eva-Maria Lenz hat in ihrer Film-Rezension auf diesen Punkt besonders hingewiesen. »Die Ursachen der Sucht«, so schrieb sie, »liegen in einer Kindheit ohne emotionale Bindungen. Was das für die Prophylaxe von Suchtkrankheiten bedeutet, ist bislang nicht ausreichend bedacht worden.«

Anfangs wollten weder Fritz noch die Kinder im Film mitwirken. Mich beeindruckte jedoch sehr, daß Erikas Entscheidung von allen akzeptiert wurde, ohne Rücksicht auf die eigene Interessenlage. Und ich bin dankbar, daß Fritz und die Kinder letztlich doch zugestimmt haben, selbst mitzumachen. Fritz' Bereitschaft möchte ich in besonderem Maße würdigen. Er hat nach seinem Klinikaufenthalt 1973 einen neuen Arbeitsplatz gefunden. Weder der Chef noch die Arbeitskollegen wußten vor der Ausstrahlung des Films von seinem Alkoholproblem.
Viele Zuschauer haben sich dafür bedankt, daß Erika und Fritz sich so frei zu ihrem Problem geäußert haben. Ich möchte mich diesem Dank anschließen. Ohne ihren Mut und ihre Offenheit hätte der Film nicht diese beachtliche Resonanz in der Öffentlichkeit und insbesondere bei den Betroffenen gefunden. Erika, Fritz und allen anderen, die auch in diesem Buch zu Wort kommen, möchte ich sagen, daß ich sie bewundere, und ihnen meine Hochachtung aussprechen.
Ich danke Herrn Dr. Lothar Schmidt vom Jüdischen Krankenhaus Berlin für sein Einverständnis, daß ich seinen bei einer Informationsveranstaltung der Anonymen Alkoholiker gehaltenen Vortrag in diesem Buch veröffentlichen darf.
Die Direktaussagen habe ich – wie im Film – weitgehend unkommentiert gelassen. Nur in einigen Fällen, bei denen es mir zum besseren Verständnis notwendig erschien, habe ich Erklärungen vorangestellt.

Dezember 1979 Heide Nullmeyer

Erikas Weg in den Alkohol

Erika erzählt aus ihrer Kindheit, »von der es nicht viel zu erzählen gibt«

Ich bin 1940 geboren. Mein Vater war im Krieg, und ich bin wohl nie geliebt worden, abgelehnt worden. Meine Mutter – wir waren drei Mädchen zu Hause – hat sich nicht um uns gekümmert. Jedenfalls kann ich mich nicht daran erinnern. Als mein Vater 1945 aus dem Krieg kam, hat er sich scheiden lassen, und 1948 hat er wieder geheiratet. Mit der zweiten Frau verstanden wir uns nicht sonderlich. Irgendwo sind wir nur aufgewachsen, ernährt und gekleidet worden. Liebe hat es nicht gegeben. Aber ich habe immer versucht, an meinen Vater heranzukommen. Irgendwann hab' ich aber dann resigniert. Als Kind habe ich geglaubt, daß ich meinen Vater sehr liebe, aber von ihm kam nichts. Wir sind nicht gestreichelt worden, nicht geküßt worden. Wie gesagt, wir haben nur zu essen gekriegt und zu trinken, und Liebe hat es nicht gegeben. Aber das muß wohl auch an mir gelegen haben, ich galt als Kind als schwer erziehbar. Das muß so schlimm gewesen sein – ich meine heute, daß ich nur auf mich aufmerksam machen wollte –, daß mein Vater mich in ein Heim geben wollte. Ich hatte in der Schule ein Schiff zur Rettung Schiffbrüchiger aufgebrochen, Geld rausgenommen – nicht für mich –, ich hab' anderen Kindern dafür was gekauft, um mich beliebt zu machen. Wir sind dann nach Oldenburg gefahren – ich bin in Brake geboren – zu einer Erziehungsberatungsstelle. Ich war damals zehn Jahre alt. Das war ein Tag, den ich nie vergessen werde. Da hab' ich zum ersten Mal in meinem Leben einen ganzen Tag mit meinem Vater alleine verbracht. Das war einfach herrlich. Obwohl ich ja wußte, was auf mich zukommen sollte, war ich überglücklich. Er hat mich an die Hand genommen, das war einfach wunderbar. Die haben mich dann aber nicht für so schlimm befunden, jedenfalls brauchte ich nicht ins Heim und durfte wieder mit nach Hause. Aber besser wurde das Zuhause auch nicht. Mein Vater hatte nie Zeit für mich. Er hat immer nur gearbeitet. Mit 14 bin ich dann aus dem Haus gegangen.

»Wenn jemand nett zu mir war, dann lief ich mit, ganz treu«

Ob meine Alkoholkrankheit etwas mit meiner Kindheit zu tun hat, weiß ich nicht. Mein gesamtes späteres Verhalten aber auf jeden Fall. Ewig war ich auf der Suche nach Liebe. Wenn jemand nett zu mir war, dann lief ich mit, ganz treu. Und wenn ich kein Geld hatte, dann hab' ich mir was gestohlen und hab' Geschenke gemacht, nur damit ich Freunde hatte. So freiwillig Liebe, wie ich sie heute von Fritz kriege, das kannte ich gar nicht. Deshalb hab' ich das anfangs ja auch angezweifelt.

Mit 16 bin ich von Brake weggegangen. Ich wollte Krankenschwester werden. In Bremen bin ich dann in die Vorschule gekommen. In hab' bald darauf einen Jungen kennengelernt, der war 19. Und an meinem 17. Geburtstag, am 1. April, hatte ich zum ersten Mal mit ihm Geschlechtsverkehr und bin gleich schwanger geworden. Gleich beim ersten Mal. Als das im Krankenhaus rauskam, hat man mich dort zur Rede gestellt. Der Junge ist zum Bund gegangen und hat mich sitzenlassen. Und da war ich so traurig, da war mir eigentlich zum ersten Mal in meinem Leben alles gleichgültig, und da hab' ich dann mit Alkohol angefangen – während der Schwangerschaft.

Abends ging ich in Gastwirtschaften, trank Bier, Weinbrand und Eierlikör. Ich wußte einfach nicht mehr weiter. Ich war doch erst 17 und sollte ein Kind kriegen. Und der Junge wollte ja nicht bei mir bleiben, das war für mich der Beweis, daß der nur mit mir ins Bett wollte. Daher kam dann meine spätere Angst, ich möchte nicht heiraten, nur weil ich ein Kind kriege.

Erika lernt ihren ersten Mann kennen

Als ich im fünften Monat schwanger war, lernte ich meinen ersten Mann kennen. Der war 1956 aus Ungarn gekommen – da war Revolution gewesen –, er konnte kein Wort deutsch. Der war auch einsam, und dem tat ich wohl leid. Damals wußte ich noch nicht, daß er Alkoholiker ist. Er ist anfangs immer sehr gut zu mir gewesen. Er hat oft zu mir gesagt: »Du darfst keinen Alkohol trinken, wenn Du ein Baby kriegst«, das konnte er so gebrochen deutsch sagen. Und dann hab' ich ihm – obwohl er mich gar nicht verstanden hat – meinen ganzen Kummer erzählt.

Als ich im sechsten Monat war, wurde ich furchtbar krank. Ich habe auch damals schon Beruhigungstabletten genommen. Ich mußte ins Krankenhaus, und dort hat er mich immer besucht. Er war der einzige Mensch, der sich damals um mich gekümmert hat. Niemand sonst. Das Kind ist tot zur Welt gekommen. Das war Silvester 1957.
Ich war noch lange Zeit hinterher krank, und er kam mich auch dann noch besuchen. Als ich im Frühjahr aus dem Krankenhaus kam, sind wir zusammengeblieben. Zwei Monate später war ich schon wieder schwanger, das war 1958. Anfang des Jahres 1959 ist Erika dann geboren worden. Da war ich wieder verzweifelt, denn da hatte ich meinen Mann schon besser kennengelernt und gemerkt, daß er sehr viel trinkt und sein ganzes Geld nur für Alkohol ausgibt. Dann hab' ich aber gedacht, wenn wir heiraten und erst einmal ein schönes Zuhause haben und ich ihm das ganz gemütlich mache, wird er schon aufhören zu trinken. Das hab' ich wirklich geglaubt.

Erika heiratet den Ungarn

Als ich ihm erzählte, daß ich schwanger bin, hat er zu mir gesagt: »Aber heiraten kann ich Dich nicht. Ich bin verheiratet.« Das hatte ich nicht gewußt. Er ist dann automatisch geschieden worden. Die Frau hatte die Scheidung beantragt, in erster Linie wegen Alkoholmißbrauchs. Als das mit seiner Ehe durchgestanden war, haben wir dann doch geheiratet. Da war Erika, meine Große, schon geboren. Wir hatten überhaupt nichts. Die einzige Unterstützung, die wir bekamen, waren tausend Mark vom Ökumenischen Weltrat der Kirchen. Wir haben dann Kredite aufgenommen, weil ja auch noch Unterhaltszahlungen nach Ungarn dazukamen, die mein Mann zu leisten hatte.
Jedenfalls haben wir mit einem Haufen Schulden angefangen, gerne gefeiert und gerne getrunken. Und da fing das schon an, daß wir nie Geld hatten. Von Anfang an stimmte das schon bei uns in der Ehe nicht. Zwei Jahre später war ich dann wieder schwanger und dann noch mal. Mit 24 hatte ich drei Kinder, einen Haufen Schulden, und die Ehe war auch nicht gut.

Die allmähliche Verstrickung in den Teufelskreis Alkoholismus

Wenn man mich heute fragt, warum ich getrunken habe, dann kann ich nur sagen, daß ich damals, als ich noch am Trinken war, viele Gründe hatte. Heute weiß ich, daß es keinen Grund gibt zum Trinken. Ich hab' ja schon erzählt, daß unsere Ehe mit Alkohol begonnen hat und mein erster Mann schon einmal wegen Alkoholmißbrauchs geschieden worden war, mich das aber nicht weiter beunruhigt hat, weil ich dachte, wenn wir erst einmal eine eigene Wohnung haben, wird alles besser.
Mein Mann arbeitete damals bei Borgward, bis die Pleite machten, und dann bekam er keine Arbeit mehr. Da fing das eigentlich erst richtig an. Er hat dann im Hafen gearbeitet und kam jeden Abend betrunken nach Hause, wenn er überhaupt nach Hause kam. An den Wochenenden wurde bei uns tüchtig getrunken. Die Flasche war immer da, und dann hab' ich mir eingeredet, wenn ich mittrinke, dann kann er nicht soviel trinken. Aber wenn die Flasche alle war, wurde eine neue geholt. Ich mochte Alkohol eigentlich schon immer gerne. Weinbrand hab' ich meistens getrunken. Zwischendurch hab' ich aber immer wieder aufgehört.
Als ich meinen Mann kennenlernte, da hab' ich dann getrunken, weil er trank. Aber ich war nicht betrunken. Ich hab' so getrunken wie alle anderen auch. Und am nächsten Tag ging es mir auch gut. Erst hab' ich gedacht, wenn ich mittrinke, dann trinkt mein Mann nicht soviel, und als ich merkte, daß das keinen Zweck hat, da bin ich auf die Idee gekommen, ich könnte ihn viel besser ertragen, wenn ich auch trinke.
Doch wenn er betrunken war, hat sich seine Persönlichkeit so schrecklich verändert, daß er tierisch wurde und mich auch schlug. Wenn ich auch betrunken war, hab' ich das alles besser ertragen können.

»Wenn du aufhörst, höre ich auch auf«

Als mein Mann wegen Trunkenheit am Steuer in Untersuchungshaft mußte, hab' ich eigentlich zum ersten Mal gemerkt, daß bei uns irgendwas nicht stimmt, und wollte was unternehmen. Das war 1968. Da hab' ich die Scheidung eingereicht. Aber mein Mann hat mich so bekniet, hat mir versprochen, mit dem Trinken aufzuhören, und hat auch Arbeit gefunden. Wir hatten uns beide fest vorgenommen, nichts mehr zu trinken. Ich hatte gesagt: »Gut, wenn Du aufhörst, höre ich auch auf.« Wir waren beide voller Hoffnung. Das ging aber nur so lange gut, bis ich die Scheidung zurückgenommen hatte. Da fing alles von vorne wieder an. Und dann hab' ich auch wieder mitgetrunken. 1970 hab' ich die Scheidung noch mal eingereicht. Da war es schon ganz schlimm bei uns. Wir hatten eine Räumungsklage am Hals, die Nachbarn hatten sich beschwert, denn immer öfter kam die Polizei. Mein Mann haute die Möbel kaputt und schlug die Fenster ein. Trotzdem hab' ich die Scheidung nicht durchgezogen, ich hab' sie ruhen lassen.

Freunde und Bekannte hatten wir auch kaum noch. Immer seltener wurden wir eingeladen. Wenn ich angetrunken war, war ich immer sehr lustig und frei, der Clown der Gesellschaft. Wenn ich betrunken war, kam der Moralische: »Keiner liebt mich« usw. Mein Selbstmitleid war auch sehr ausgeprägt, wenn ich mal nüchtern war. Immer hatten die anderen Schuld, nie ich selber. So isolierte ich mich oder wurde isoliert. Ich wurde immer einsamer und trank immer mehr. Ich hatte zwar immer den festen Vorsatz, aufzuhören, aber erst morgen. Und dabei blieb es auch.

Damals hab' ich noch nicht begriffen, daß ich alkoholabhängig geworden war. Nicht einmal während der Entziehungskur habe ich das zugegeben. Ich hab' immer gesagt: »Ich bin keine Alkoholikerin, mein Mann ist Alkoholiker. Und weil er getrunken hat, habe ich auch getrunken.« Wenn ich ihn nicht kennengelernt hätte, davon war ich überzeugt, hätte ich nie getrunken. Heute weiß ich, daß das für mich alles nur Gründe waren, mein Trinken zu vertuschen.

Mit meinem Mann ging es dann ganz schnell bergab. Es war furchtbar bei uns gewesen, die Kinder hatten kein Weihnachten gekriegt, und ich war weggelaufen am Heiligen Abend.

Anfang 1973 ist mein Mann dann in die Klinik nach Bremen-Ost gekommen. Ich hatte den festen Vorsatz, mit dem Trinken aufzuhören. Ich bin nach Hause gekommen von der Klinik, hab' die Reste noch ausgetrunken und hab' mir dann fest vorgenommen: Ab morgen ist Schluß.

»Dann hab' ich mit Medikamenten angefangen«

Ja, und dann stand ich morgens auf und hab' zum ersten Mal das Zittern gekriegt – in den Knien und an den Händen – und Würgen. Die Tränen liefen mir über die Backen. Und nun wollte ich ja nicht trinken. Weil mein Mann schon einige Male versucht hatte, sich durchzuzittern, waren bei uns im Haus Medikamente. Dann hab' ich mit Medikamenten angefangen und hab' festgestellt, das geht. Ich wurde ruhiger. Ich habe diese zwölf Wochen, in denen mein Mann die Entziehungskur machte, auch gut durchgestanden, mit Tabletten allerdings. Ab und zu an den Wochenenden hab' ich mal eine halbe Flasche Schnaps getrunken, mehr aber nicht.

In der Klinik, in der mein Mann war, hörte ich zum ersten Mal etwas von Selbsthilfegruppen und wie wichtig diese Gruppen sind. Auch für Angehörige. Ich bin dann auch sofort in eine Angehörigengruppe gegangen, die es übrigens auch für Kinder gibt. Ich ging aber nicht für mich, sondern für meinen Mann dorthin. Er sollte sich doch ändern, nicht ich. Das war zu meiner Tablettenzeit.

Als mein Mann die Kur um hatte, waren wir voller Hoffnung. Aber drei Tage später hat er wieder getrunken. Erst war ich entsetzt, aber dann erleichtert. Nun brauchte ich mir keine Mühe mehr zu geben. Irgendwo war das Trockenbleibenwollen für mich krampfhaft. Aber weil er ja nun wollte, wollte ich auch, und als er wieder trank, hab' ich sofort wieder mitgetrunken. Nur hatte ich nun beides: Tabletten und Alkohol.

»Ich hab' immer gesagt: Ich habe nur getrunken, weil mein Mann getrunken hat«

Ich hab' nur noch abends getrunken und am Tag Tabletten genommen. Und da veränderte ich mich, das kann ich gar nicht mehr sagen, wie das war. So genau kann ich mich daran nicht erinnern. Die Angehörigengruppe, die ich besuchte, merkte sehr schnell, was mit mir los war. Sie haben sich sehr viel Mühe mit mir gegeben. Aber ich behauptete immer, ich sei mit den Nerven runter, das hätte auch mein Arzt gesagt, und deshalb hätte er mir ja auch die Tabletten verschrieben. Ich könnte nicht schlafen, und Kopfschmerzen hätte ich auch immer. Daß ich immer die dreifache Dosis nahm, verschwieg ich. Außerdem dürfte ich ja wohl mal was trinken, ich sei doch nicht süchtig.

Immer schneller ging es mit mir bergab.

1973 landete ich selbst in der Suchtklinik. Getrunken hatte ich damals etwa 15 Jahre. Aber gemerkt, daß ich nicht ohne Alkohol leben kann, hab' ich erst an dem Tag, als mein Mann in die

Entziehungskur ging und ich aufhören wollte. Diese Erkenntnis war furchtbar für mich. Mein Gott, ich jetzt auch. Mir selbst hatte ich eingestanden, daß ich Alkoholikerin bin, aber anderen gegenüber hab' ich alles abgestritten. Die vom Sozialtherapeutischen Dienst waren bei uns in der Wohnung, die Ärzte, alle haben gesagt: »Sie trinken doch auch«, und auch mein Mann hatte erzählt: »Meine Frau müßte eigentlich auch eine Entziehungskur machen.« Wir haben uns gegenseitig beschuldigt: »Du bist süchtig, du bist der Alkoholiker.« Aber ich habe alles abgestritten. Ich hab' immer gesagt: »Ich habe nur getrunken, weil mein Mann getrunken hat.«
Mir war irgendwie alles gleichgültig geworden.
Ende September 1973 reichte ich noch einmal die Scheidung ein. Obwohl mir alles sinnlos vorkam. Am liebsten wäre mir gewesen, mein Mann stirbt oder ich, dann hätte ich nichts zu ändern brauchen.

»In der Endphase habe ich meinen Haushalt nicht mehr versorgen können«

Was die Nachbarn oder meine Kinder von mir hielten, war mir während der Trinkerzeit egal, und ich war damals auch der Meinung, daß ich meinen Haushalt noch in Schuß hatte, und empfand mich als gute Mutter. Die Kinder haben mir hinterher erzählt, wie schlimm es wirklich mit mir gewesen ist.
In der Endphase habe ich meinen Haushalt nicht mehr versorgen können. Es war grausam für mich, als mir meine Kinder erzählten, wie es wirklich war. Ich hätte auf dem Fußboden gelegen, mich nicht mehr gewaschen, nicht mehr gekämmt, sei immer nur im Nachthemd herumgelaufen oder hätte im Bett gelegen. Aber meistens hätte ich irgendwo in einer Ecke gehockt. Das wollte ich alles gar nicht glauben. Erika, meine große Tochter, hat mich gefunden. Ich hatte ein Delir zu Hause bekommen. Es war wahnsinnig. Schreckliche Bilder kamen auf mich zu. Durch meinen geschiedenen Mann kannten wir ja auch schon welche von den Selbsthilfegruppen. Die sind dann gekommen, und am nächsten Tag war ich schon in der Klinik. Das ging alles so rasend schnell, das hab' ich gar nicht mehr gemerkt.

Erikas Klinikzeit

»Beißen Sie in den sauren Apfel und geben Sie zu, daß Sie Alkoholikerin sind«

Ich bin erst im Bett wieder aufgewacht. Die haben mich dann ganz langsam entgiftet. Weil ich ja auch noch tablettensüchtig war, konnte man mir kein Distraneurin geben. Das hatte ich vorher schon immer genommen. Da haben sie dann eine Schlafkur mit mir gemacht und mich langsam entzogen. Das fand ich alles ganz entsetzlich. Zuerst war ich vier Wochen lang in einer geschlossenen Abteilung. Dort wurde ich von dem Arzt unterrichtet, daß ich alkoholkrank sei und eine Entziehungskur machen sollte. Ich wollte aber nicht. »Ich doch nicht«, habe ich immer gesagt. Ich habe den Arzt angeschrien und ausgeschimpft: »Wie können Sie sagen, ich sei Alkoholikerin, das ist eine Frechheit und Unverschämtheit.« Ich fand es wirklich ungeheuerlich. Immer wieder habe ich darauf beharrt, ich hätte einen Nervenzusammenbruch und weiter nichts. Und er sagte: »Beißen Sie doch in den sauren Apfel und geben Sie zu, daß Sie Alkoholikerin sind.« »Gut«, hab' ich dann zum Schluß gesagt: »Ich bleibe hier, aber nur unter der Bedingung, daß ich nicht mit den Alkoholikern unter einem Dach zu sein brauche und daß ich ein Einzelzimmer bekomme.« Die Mitpatienten hatten natürlich erfahren, was ich für Ansprüche stellte, und da mußte ich auch ganz schön darunter leiden. Nachher haben sie dann, als sie mich kennenlernten, darüber gelacht. Ich hatte immer gehofft, der Doktor würde mich rausschmeißen, wenn ich mich unmöglich benehme. Als erstes habe ich in meinem Zimmer die Betten und Nachttische rausgeräumt und gründlich saubergemacht. »In so ein dreckiges Zimmer«, habe ich gesagt, »gehe ich nicht.«

»Ich wollte lieber nervenkrank sein«

Das Schwerste für mich während der Klinikzeit waren die Therapiestunden im Gruppenraum. Obwohl der Raum an sich sehr viel häßliche Erinnerungen für mich hat, hat hier praktisch mein

neues Leben begonnen. Hier habe ich angefangen zu leben. Ich habe mich hier immer auf eine Bank gesetzt, so daß ich jemand neben mir sitzen hatte. Da fühlte ich mich sicherer. Ich habe mich nie allein in einen Sessel gesetzt. In der Therapie haben wir Rollenspiele gemacht und Psychodramen. Der Doktor hat mich angeschrien: »Was wollen Sie hier überhaupt.« Weil ich immer nur gesagt habe: »Ich will gesund werden, aber eine Alkoholikerin bin ich nicht. Mein Mann ist Alkoholiker. Ich habe doch nur mitgetrunken.«
Und er sagte dann immer: »Dann weiß ich nicht, was Sie hier wollen. Wollen Sie lieber krank sein?« »Ja«, hab' ich gesagt: »Ich will lieber krank sein, lieber nervenkrank sein«, das fand ich besser, als Alkoholikerin zu sein. Heute weiß ich auch warum. Dann hätte ich das Mitleid meiner Umwelt auf meiner Seite gehabt. Ich wäre dann bedauert worden und hätte schöne Besuchszeiten am Krankenbett gehabt.
Krank fühlte ich mich, aber Alkoholikerin, nein, die wollte ich nicht sein. In der Klinik habe ich erfahren, daß Alkoholismus eine Krankheit ist und daß es die einzige Krankheit ist, bei der man selber was tun kann. Ich wußte nicht, was die alle von mir wollten, was ich alles tun sollte. Was ich wollte, war, nach Hause zu meinen Kindern zu gehen. Das waren aber immer nur Ausreden, um von hier wegzukommen. Im stillen hatte ich immer gedacht, der Doktor schmeißt mich raus. Dann hätte ich nicht die Entscheidung selbst getroffen, von hier wegzugehen. Dann hätte ich sagen können: »Wieso, die haben mich ja rausgeschmissen, die wollten mich ja nicht haben.« Aber das passierte nicht. Ich konnte hier schreien und toben und Koffer packen und mich unmöglich benehmen, wir wurden hier so akzeptiert, wie wir uns aufführten.

»Ich muß nach Hause zu meinen Kindern«

Wenn ich wirklich auf eigene Verantwortung gegangen wäre, hätte mich niemand gehalten, ich war ja freiwillig da. Jeden Tag wieder die Entscheidung zu treffen: »Ich bleibe«, war mir das Schwerste. Aber was blieb mir auch übrig. Einerseits hatte ich furchtbare Angst vor »draußen«, andererseits wollte ich nicht bleiben. Ich machte mich daran, die Scheidung durchzuziehen. Den Mut hierzu hätte ich niemals in der Nähe meines Mannes gehabt und die Kraft auch nicht. Denn wo mein Mann war, war auch die Flasche, und wenn er trank, trank ich auch, und ich wollte doch nicht mehr trinken. Ich wollte endlich leben. Wie, das wußte ich auch noch nicht, nur nicht mehr so wie vorher. Also blieb ich in der Klinik. Ich war zu diesem Zeitpunkt immer noch der Überzeugung, nach der Scheidung, ohne trinkenden Mann, hätte ich kein Alkoholproblem mehr.

Der Doktor hat zur mir gesagt: »Finden Sie sich damit ab, wenn Sie leben möchten, daß Sie hierbleiben müssen, mindestens drei bis fünf Monate.« Daraufhin habe ich gesagt: »Herr Doktor, das kann ich nicht, ich muß nach Hause zu meinen Kindern.« Und dann schrie er mich an: »Sie haben ja gar kein Zuhause, wo haben Sie denn ein Zuhause? Eine Wohnung haben Sie, aber ein Zuhause haben Sie nicht.«

Das fand ich alles so grausam. Er hat dann meine Tochter Erika herbestellt, und die mußte mir in seinem Beisein bestätigen, daß die mich gar nicht haben wollten. Und damit hatte er meinen wunden Punkt entdeckt und hackte immer darauf herum. Er schrie mich an: »Nur weil Sie ein Kind empfangen haben und geboren haben, sind Sie noch lange keine Mutter. Wo nehmen Sie eigentlich die Stirn her, sich Mutter zu nennen? Wie haben Sie Ihre Kinder denn aufgezogen, die sind doch wild aufgewachsen. Sie haben doch immer nur getrunken. Es hat Sie ja keiner gezwungen, bei Ihrem Mann zu bleiben. Warum haben Sie sich denn schlagen lassen?« Ja, da wußte ich überall keine Antwort drauf. Heute weiß ich, daß der Doktor damit nur erreichen wollte, daß ich endlich über meine Ehe und alles mal spreche, was mich bedrückt und wo alles angefangen hat, warum ich alles so sinnlos fand, die ganze Ehe und so, und warum ich mich dann oft mit Alkohol betäubt habe.

Immer wieder wurde ich gefragt: »Warum fanden Sie alles sinnlos? Warum wollten Sie lieber sterben, statt Ihr Leben zu ändern?« Damals wußte ich keine Antwort. Heute ist es mir klar: Ich hatte mich selbst aufgegeben und glaubte an nichts mehr.

»Ich hatte wahnsinnige Angst vor einem zweiten Delir«

In einer Nacht von Sonntag auf Montag lag ich mal wach und entdeckte in meinem Zimmer eine Maus. Die drehte sich im Kreis. Ich hab' aufrecht im Bett gesessen und gebetet: »Lieber Gott, laß die Maus echt sein.« Ich hatte gehört, daß man, auch wenn man schon ein paar Wochen trocken ist, noch in ein Delir

fallen kann, und ich hab' gedacht, ich hätte eins, und mochte keinen Pfleger rufen. Ich hab' immer nur gedacht: »Hoffentlich ist sie echt.« Als die Nacht vorbei war, bin ich runter zum Pfleger und hab' gesagt: »Herr Ringhand, ich wage es gar nicht zu sagen, ich glaube bei mir im Zimmer ist eine Maus, eine echte Maus.« Dann ist er mit mir hoch, und tatsächlich, er hat das Mauseloch gefunden. Er hat dann einen Holzklotz reingehauen, und die Maus kam auch nicht wieder. Aber da war ich so fertig – diese Angst, nochmal ein Delir zu haben. Ich war ja damit eingeliefert worden und wußte, wie schrecklich das war.
Damals hatte ich allerdings nur große Köpfe gesehen und Farben und Kreise, und dann saß ich irgendwo auf dem Fußboden – und ganz viele Menschen um mich herum, die brachten mir alle Schnaps. Ich wollte weglaufen, konnte aber nicht. Das war grausam. Daran erinnere ich mich noch sehr gut. In der Klinik hatte ich gehört, man sieht auch Tiere, deshalb hatte ich solche Angst.

»Sie schaffen das sowieso nicht«

Was mich in der Klinik am meisten angesprochen hat, war das Gruppengefühl. Ich bin schon immer ein Herdentier gewesen. In der Gruppe hab' ich mich schon immer wohl gefühlt. Und hier hatten sie alle die gleichen Probleme, die gleiche Krankheit, und irgendwo hatte ich immer das Gefühl, die haben genau das gleiche erlebt wie ich auch, und ich fühlte mich überhaupt nicht mehr alleine.
Hier war überhaupt alles schön, bis auf die Therapie, die war sehr hart, obwohl sie doch sehr geholfen hat. Entsetzlich fand ich Rollenspiele. Ich erinnere mich an eins noch sehr gut. Die Therapeutin wollte, daß jeder sagt, wen er mag und wen nicht. Wer fängt an? Ich war sofort dabei. Und dann habe ich losgelegt: Den mag ich gerne, den kann ich überhaupt nicht leiden, bei einem anderen hab' ich gesagt, der ist mir im Grunde egal, bis die Runde durch war. Dabei habe ich mich ganz gut gefühlt. Und dann kam die nächste dran. Und da hab' ich eine wahnsinnige Angst gekriegt, sie könnte sagen, sie mag mich nicht. Ich bin klitschnaß geworden, habe schreckliches Herzklopfen gekriegt, Flecken im Gesicht. Ich konnte den Gedanken nicht ertragen, jemand könnte zur mir sagen: »Ich mag dich nicht.« Als ich an der Reihe war, habe ich mir keine Gedanken gemacht, daß ich

dem anderen vielleicht wehtun könnte mit einer solchen Äußerung. Seitdem bin ich ganz vorsichtig geworden, jedenfalls so spontan jemanden zu beurteilen.
Mit vielen aus der damaligen Zeit habe ich noch Kontakt. Außer mir sind ja noch andere trocken geblieben. Zu mir hatte der Doktor immer gesagt: »Sie kommen sowieso wieder. Ich weiß gar nicht, warum wir Sie überhaupt entlassen, Sie schaffen das sowieso nicht. Sie sind bald wieder hier.« Deshalb war ja auch mein erstes Jahr danach krampfhaft. Denen werde ich's zeigen, daß ich das schaffe.

Zimmer, in dem Erika während ihres Klinikaufenthaltes 1973 gewohnt hat.

Und wenn ich dann zum Ehemaligentreffen kam, das auch in der Klinik stattfand, und erzählte, wie krampfhaft ich trocken bin, dann kam es vor, daß ich angeschrien wurde: »Mensch, das ist ja eine furchtbare Quälerei, dann sauf doch lieber und bleib gleich hier.« Aber ich hab's geschafft, trotz allem.

Erikas schlimmstes Erlebnis während der Trinkerzeit

Als ich trocken wurde und in der Klinik gefragt wurde, was mein schlimmstes Erlebnis während der Trinkerzeit war, hab' ich gesagt: »Ich möchte nie, nie wieder auf dem Fußboden liegen, ungewaschen und ungekämmt, wenn die Kinder nach Hause kommen.« Das hat mich doch sehr erschüttert, daß ich da so abgesackt bin. Ich war eigentlich immer sehr sauber. Aber da hab' ich mich nicht mehr gewaschen, nicht mehr richtig angezogen. Ich hatte immer dieselbe Hose, denselben Pullover an oder einfach nur einen Kittel überm Nachthemd.
Das war auch das erste, was ich in der Klinik wieder gemacht habe: jeden Tag gebadet und die Haare gemacht und in den Spiegel geguckt. Das hab' ich alles nicht mehr gemacht, als ich noch trank. Da hab' ich mir höchstens mal die Zunge rausgestreckt vor dem Spiegel. Ich mochte mich einfach nicht leiden und hab' mich irgendwo auch gar nicht mehr liebgehabt. Ich muß sagen, da hab' ich mich auch sehr von meinem Mann beeinflussen lassen. Der hat zu mir gesagt, nachdem ich die Scheidung eingereicht hatte: »Du mit deinem ausgemergelten Körper, wo willst du denn hin, guck dich doch an, glaub ja nicht, daß dich noch jemand nimmt, wie siehst du denn schon aus.« Zum Schluß hab' ich das selbst geglaubt. Auch wenn er immer sagte, im Bett wäre ich eine Null, wie ein Brett, ich taugte zu überhaupt nichts. Da hab' ich solche Minderwertigkeitskomplexe gekriegt, daß ich mir gar nichts mehr zugetraut habe.
Ich bin dann von der Klinik aus – ich wollte das mal ausprobieren – auf die Straße gegangen und hab' einfach mal Menschen angelacht. Die haben dann zurückgelacht, das fand ich ganz toll.
Als ich noch trank, habe ich mich oft, wenn ich einkaufen ging, an ein Schaufenster gestellt, um zu hören, wie Leute miteinander sprechen. Ich wollte einfach wissen, wie so ein Ehepaar miteinander umgeht. Wenn der Mann dann noch Liebes oder Liebling gesagt hatte, war das für mich unfaßbar. So was kannte ich in

meiner Ehe gar nicht. Gewünscht habe ich mir das immer, und heute habe ich es ja auch, alles, was ich mir wünsche. Und liebe Worte benutze ich sehr oft, weil ich die immer so vermißt habe in der ersten Ehe.

»Schlag mich lieber, das kann ich besser ab«

Ich habe Sachen gemacht, über die ich heute den Kopf schüttele. Aber es war so. Wir haben manchmal wochenlang nicht miteinander gesprochen – mein erster Mann und ich.
Wenn ich an ihm vorbeiging, spuckte er mich an, machte mich völlig runter. Oft zweifelte er an, daß die Kinder von ihm sind. Ich habe dann immer zu ihm gesagt: »Schlag mich lieber, das kann ich besser ab als Worte.« Ich fühlte mich schrecklich gedemütigt. Es gab Momente, in denen ich sicher war: Jetzt kann er nichts mehr sagen, er hat alles gesagt, was ein Mensch sagen kann, und dann fiel ihm immer noch etwas ein. Dann war ich eben ein Miststück oder eine Hure oder eine Drecksau. Mit der Zeit fühlte ich mich wie ein Nichts.
Am 30. November bin ich dann geschieden worden. Das habe ich aber nur geschafft, weil ich in der Klinik geblieben war. Die Kinder kamen in ein Heim. Ich wurde nach und nach ruhiger und fing an, in der Gruppe mitzuarbeiten. Ich hatte auch endlich offen zugegeben, daß ich süchtig bin. Aber keine Alkoholikerin, dabei blieb ich.

»Hier habe ich mein Selbstwertgefühl wiederbekommen«

Im Durchschnitt waren die Patienten so zehn Wochen hier. Ich blieb fünf Monate, und in dieser Zeit hatte sich die Gruppe schon dreimal verändert. Es gab nur zwei Patienten, die so lange da waren wie ich. Ich trauerte meiner ersten Therapiegruppe nach, weil wir alles gemeinsam durchlitten hatten. Ich habe mich dann mehr auf die Gruppen draußen konzentriert, bin jeden Abend ins meeting gegangen. Die Klinikzeit war die schönste Zeit meines Lebens. Ich hatte nie soviel Zeit für mich gehabt, weder für Körperpflege noch zum Nachdenken über mich. Daß sich mal alles um mich drehte, war ein völlig neues Gefühl für mich. Daß ich mich mitteilen konnte, daß mir jemand zuhörte, das war alles wunderschön.

Fritz und Erika auf der Fahrt zu einem AA-meeting während der Dreharbeiten.

Man hat hier mit mir nicht nur meine Vergangenheit aufgearbeitet, auch alle Ängste, die ich hatte. Hier habe ich mein Selbstwertgefühl wiederbekommen. Die waren alle sehr kameradschaftlich und haben gesagt: »Mensch, Du siehst schon viel besser aus.« Wir haben uns hier gegenseitig Frisuren gemacht. Als ich dann von den anderen hörte, daß sie genauso gelebt hatten wie ich, hat mir das unheimlich geholfen. Ich war es nicht alleine, die ein solches Schicksal hatte. Außerdem dachte ich immer, man sieht mir an, wie weit ich runtergekommen war. Aber da ich das den Mitpatienten auch nicht ansah, war ich beruhigt.

Erika lernt Fritz kennen, ihren zweiten Mann

Das schönste an der Entziehungskur war für mich: Ich hab' Fritz hier kennengelernt. Wenn die Gruppenstunden vorbei waren, konnten wir uns schnell mal eine halbe Stunde sehen. Nachmittags waren wir zusammen, und abends sind wir von hier immer in die Gruppen außerhalb gegangen. Wir haben uns gegenseitig getröstet. Fritz hat mir dann von sich erzählt und ich ihm von mir. Wir haben uns wunderbar verstanden. Fritz wurde vor mir entlassen. Weihnachten war das. Er hat mich zwar jeden Tag besucht, aber da hatte ich den Aufenthalt hier über. Wenn Fritz mich abends vorne bis zum Weg brachte, da fing ich an zu weinen und sagte: »Ich will da nicht wieder rein, ich mag da nicht mehr sein.«

Fritz:
»Zuerst dachte ich, was ist das denn für eine«

Das erste Mal haben wir uns im Bus gesehen. Wir fuhren von der Klinik in ein meeting in der Stadt. Die Frauen kamen von der Frauenstation und wir von der damaligen Station P 12. Erika war – obwohl ich sie gar nicht kannte – schrecklich aggressiv. Sie machte mich an: »Na, bist du auch so ein mieser Alkoholiker, der seinen Unterhalt nicht bezahlt?« Dabei hatte ich gar keine Kinder. Zuerst dachte ich, was ist das denn für eine. Damals stand Erika noch unter Tabletten, und da haben wir immer gesagt: »Die Frau mit dem irren Blick.« Aber irgendwie sind wir auch wieder zusammen nach Hause gefahren und haben uns für den nächsten Tag verabredet. Wieso, ist mir ein Rätsel. Heute bin ich natürlich froh darüber, daß es so gekommen ist.
Wir haben uns immer das weiteste meeting ausgesucht. Denn uns wurde immer wieder gesagt, man solle was für sich tun und wir sollten es uns nicht zu bequem machen und gleich um die Ecke ins meeting gehen. Nüchtern mit dem Bus zu fahren oder mit der Straßenbahn, das war doch alles neu für uns. Das mußten wir regelrecht wieder lernen.
Mein erstes Gefühl, nüchtern unter Menschen zu gehen, war Angst. Wahnsinnige Angst. In der Klinik fühlte ich mich sicher. Dort war ich unter Aufsicht, und ich wollte auch nicht weg von dort. Ich hatte den festen Vorsatz, alles gut durchzustehen. Ich wollte ja raus aus dem Elend – ich konnte ja nicht mehr.
Alles, was mir in der Klinik gesagt wurde, habe ich geglaubt. Oder, wenn Freunde, die schon eine Zeitlang trocken waren, was sagten, habe ich es für mich angenommen. Ich habe mir gesagt: »Wenn die das schaffen, dann muß es doch mit dem Teufel zugehen, wenn ich das nicht auch schaffe.« Und die haben mir gesagt: »Trockenwerden ist nicht so schlimm, aber Trockenbleiben, da geht es erst richtig los.« Und das stimmte, wie ich inzwischen aus eigener Erfahrung weiß.

Fritz erzählt sein Leben

»Ich war ein Träumer und bin es wohl immer geblieben«

Obwohl meine Kindheit nicht gerade in der besten Zeit war – ich wurde 1934 geboren –, habe ich sie trotzdem noch in angenehmer Erinnerung. Mein Vater war während des Krieges in seinem Betrieb unabkömmlich und brauchte deshalb nicht zum Militär. So haben wir, mein Bruder und ich, trotz der Kriegseinwirkungen eine geborgene und liebevolle Kindheit erlebt. Wir wurden von meinen Eltern mit sehr viel Liebe, aber auch mit Strenge erzogen.
Als der Krieg zu Ende war, war ich elf, und ich glaube, daß ich schon damals anders war als andere Kinder. Obwohl ich viele Freunde hatte, von denen ich meine, daß sie mich auch mochten, wollte ich oft gern allein sein. Während die spielten, zog ich mich zurück. Im Sommer lag ich oft – wir wohnten direkt an der Lübecker Bucht – stundenlang am Strand und träumte vor mich hin. An schlechten Tagen und im Winter lief ich immer allein am Ufer entlang. Ich war ein Träumer und bin es wohl immer geblieben. Nur habe ich mich heute besser unter Kontrolle.
Nach meiner Entlassung aus der Volksschule kam ich in die kaufmännische Lehre. Das war ein Beruf, den ich nicht mochte. Ich wäre gerne zur See gefahren, aber leider konnte man 1948 nicht wählerisch sein. Ich mußte gehorchen und annehmen, was sich bot. In dieser Zeit fing ich an, mich für Mädchen zu interessieren. Ich mochte zwar viele leiden, konnte das aber nie zeigen. Wenn mich ein Mädchen auch nur ansah, wurde ich sofort rot. Ich hab' mich da so reingesteigert, daß ich schon dann rot wurde, wenn ich meinte, eine sähe mich an. Ich hab' mich nie getraut, ein Mädchen anzusprechen, und wenn ich mal mit einem sprechen mußte, war ich derart verlegen, daß ich anfing zu stottern. Es war mir nicht möglich, mit jemand darüber zu reden.
Mein erstes sexuelles Erlebnis hatte ich dann aber doch schon mit 15 und zwar mit einer zehn Jahre älteren Krankenschwester. Wie es dazu kam, weiß ich nicht mehr genau, ich bin viel zu aufgeregt gewesen. Ich stand an der Kinokasse und zählte mein Geld. Es

war nicht genug. Sie hatte es bemerkt und mir den Rest gegeben, und damit hat es dann wohl angefangen.
Sie nahm mich mit zu sich und wird mich wohl verführt haben. Es war für mich kein schönes Erlebnis. Ich hatte mehr Angst als Freude, und vor allem dachte ich immer an die Folgen. Ich konnte mir schon immer etwas einreden. Nach diesem Erlebnis habe ich erst recht kein Mädchen mehr angesehen. Ich schämte mich entsetzlich. Und rot wurde ich auch immer noch.

»Damals wußte ich noch nicht, daß es mit Alkohol leichter ging«

Mein erstes Erlebnis mit dem Alkohol hatte ich nach Abschluß meiner Lehre und bestandener Prüfung. Ich hatte mit einem Freund – weil wir nur sehr wenig Geld hatten – unsere Prüfung mit Glühwein gefeiert. Die Wirkung war gewaltig. Mir wurde schlecht, und ich mußte mich übergeben. Meine Eltern, besonders mein Vater, schimpften fürchterlich mit mir: »Die ganze Stadt wird über dich lachen, schäm dich was« usw. Ich hab' mir das damals derart zu Herzen genommen, daß ich nicht mehr ausging. Ich kam mir wie ein Versager vor.
Nachdem ich ausgelernt hatte, mußte ich, da mein Vater arbeitslos war und ich in seinem Haushalt lebte, mein ganzes Geld abgeben. Das habe ich damals auch eingesehen. Mir blieb nur soviel, um einmal die Woche ins Kino zu gehen. Auch als ich schon 18 war, wurde mir von meinen Eltern vorgeschrieben, wann ich zu Hause zu sein hatte. Ab da hab' ich auch nicht mehr versucht, ein Mädchen kennenzulernen. Ich hatte Angst, ausgelacht zu werden. Aber der Respekt vor meinen Eltern war größer. Meine Freunde konnten auch nichts mehr mit mir anfangen. Wenn sie tanzen gingen, konnte ich nicht mit. Meist tranken sie sich vorher Mut an. Ich konnte da nicht mithalten – einmal hatte ich kein Geld, und zum anderen ekelte ich mich vor Alkohol seit meinem ersten Erlebnis. Ich fing an, auf meine Freunde neidisch zu werden und hatte großes Mitleid mit mir.

»Ich entschloß mich, von zu Hause wegzugehen«

Das Schlimmste war, meinen Eltern dies schonend beizubringen. Mein Bruder hatte sein Studium aufgenommen, und so hatten sie ja nur mich. Aber ich begriff, daß es für mich so nicht weitergehen konnte. Schließlich hab' ich sie mit dem Argument überzeugt, daß ich mich beruflich in der Kleinstadt nicht weiterentwickeln könnte. Ich entschied mich, nach Bremen zu gehen. Warum, weiß ich nicht, bin aber heute sehr froh, daß es so gekommen ist. Das Flair der Großstadt war für mich gewaltig. Es hat mich schier umgehauen. Nachmittags ging ich in ein Kellerlokal, das damalige »Remmer«. Alle tranken Bier. Erst wollte ich wieder gehen, aber dann sagte ich mir: »Probieren kannst du es ja mal.« Und da habe ich mein erstes Glas Bier getrunken, und es schmeckte mir echt gut. Es dauerte nicht lange, und ich hatte Kontakt. Das war für mich so toll, denn so etwas kannte ich ja gar nicht. Ich bin auch nicht verlegen geworden, obwohl auch Frauen dabei waren, was sicherlich am genossenen Alkohol gelegen hat. Es wurde ein wunderbarer Abend, der schönste, den ich bis dahin in meinem Leben hatte. Zum Schluß wurde ich von den Frauen zum Frühschoppen am darauffolgenden Sonntag eingeladen. Ich konnte es nicht fassen: Ich, der ich immer Probleme im Umgang mit Frauen hatte, wurde eingeladen. Das war unbegreiflich für mich. Auf dem Weg zu meinem Zimmer war ich so glücklich, daß ich die ganze Welt hätte umarmen können. Ich liebte Bremen. Es war der erste schöne Abend mit Alkohol. Ich hatte schnell raus: Wenn ich ein paar Gläschen getrunken hatte, war ich gar nicht mehr so kontaktarm. Im ersten Monat meines Aufenthaltes in Bremen war ich jeden Abend unterwegs. Später habe ich das Kneipengehen aufgeben müssen, weil es zu teuer für mich war. Da hatte ich aber schon Bekannte, mit denen ich was unternehmen konnte.

»Zum ersten Mal in meinem Leben brauchte ich keinem Menschen Rechenschaft abzulegen«

Alkohol trank ich nach der Anfangszeit in Bremen nur dann, wenn es sich ergab, und auch dann nur mäßig. 1958 lernte ich dann in meiner Firma ein junges Mädchen kennen. Wir mochten uns beide gut leiden. Im Herbst desselben Jahres ging ich nach Hannover, wo ich mich beruflich verbessern konnte. Wir versprachen uns zu schreiben. In Hannover fühlte ich mich sehr allein und vermißte sie sehr. So wie damals in Bremen ging ich Abend für Abend in Gastwirtschaften, nur war mein Trinkverhalten nicht mehr so gemütlich. Irgendwie fühlte ich mich in Hannover nicht wohl und sehnte mich zurück nach Bremen,

auch meiner Freundin wegen. Ich hatte unwahrscheinliches Glück. 1961 bekam ich eine Traum-Anstellung in einer großen Bremer Bauunternehmung. Es kamen dann einige ruhige Jahre. 1964 habe ich geheiratet. Wir hatten ein schönes Zuhause, und auch im Beruf ging es aufwärts. Alkohol habe ich zur damaligen Zeit getrunken wie jeder andere Bürger auch. Es hätte alles so schön sein können. Dann kam das Jahr 1967. In mir war eine Unruhe, die ich nicht beschreiben kann. Im Herbst mußte ich für ein Vierteljahr geschäftlich verreisen. Jeden Abend war ich angetrunken. Ich saß alleine im Hotel an der Bar und trank. Wenn Kollegen mich einladen wollten, lehnte ich ab mit der Begründung, ich wollte früh schlafen. Warum das so war, kann ich nicht sagen, ich weiß nur, daß ich damals die tollsten Sachen zusammenphantasierte.
Als ich wieder in Bremen war, habe ich das Trinken sofort aufgegeben. Ich führte ein glückliches Familienleben. Bis ich ein halbes Jahr später wieder verreisen mußte. Während dieser Reise hatte ich meinen ersten Kontrollverlust. Das war schrecklich für mich. Ich konnte es einfach nicht glauben.

»Ich wachte in einem Hotelzimmer auf, in das ich gar nicht gehörte«

Ich habe mich fürchterlich geschämt und kaum gewagt, zur Rezeption zu gehen. Damals schwor ich mir: »Das kommt nie wieder vor.« Von Kollegen hatte ich schon öfter Geschichten in dieser Richtung gehört, sie hatten mit ihrem Trinkverhalten geprahlt. Ich erzählte keinem Menschen was, im Gegenteil. Ich war so unglücklich über diesen Vorfall, daß ich das Trinken erst einmal aufgab, wenn auch nur für kurze Zeit.
Sobald ich auf Reisen war, war es wieder um mich geschehen. Ganz besonders schlimm war es im Ausland, wo ich für mein Geld noch mehr Alkohol als bei uns kaufen konnte.
Als ich Anfang 1969 wieder in Bremen war und meine Arbeit im Büro aufnahm, war ich bereits an Alkohol gewöhnt. Bis dahin war noch niemand dahintergekommen, wie es um mich stand. Ich hatte einen guten Ruf in der Firma. Ich glaube sogar, man mochte mich. Meiner Frau habe ich immer nur Bruchstücke erzählt. Mit der Wahrheit um mein Trinkverhalten nahm ich es schon nicht mehr so genau. Meine Gedanken fingen an, um Alkohol zu kreisen: Wie komme ich an ihn ran, ohne daß es

auffällt. Ich erzählte meiner Frau, ich müßte mich nach dem Streß im Büro entspannen und – genau wie andere Männer auch – nach Arbeitsschluß noch ein Bier trinken gehen.

»Jetzt hatte ich einen Freifahrtschein«

Jeden Abend, ich konnte den Feierabend gar nicht abwarten, ging ich in eine Gastwirtschaft und trank einige Glas Bier und Korn, meistens vier Lagen. Diese Menge habe ich eine ganze Zeit beibehalten können, ohne irgendwie aufzufallen. Nur die Wochenenden waren schlimm, da habe ich immer neue Geschichten erfinden müssen. Ich kam zum Beispiel auf die Idee, in meinem Hobbykeller Alkohol zu deponieren. Zu dieser Zeit wurde ich ein leidenschaftlicher Bastler. Geschafft hab' ich aber nicht viel. So hielt ich mich eine ganze Zeit über Wasser.

Irgendwann mußte ich wieder verreisen, und eines Morgens, nach einem Zechgelage, überfiel mich ein fürchterliches Zittern in den Händen. Ein Kollege sagte: »Man muß den Hund beißen, der einen gebissen hat.« Das habe ich sofort ausprobiert. Ich trank einige Gläser Korn, und mein Zittern war weg. Von da an hatte ich nach jedem Trinkgelage am Abend morgens dieses Zittern. Es war mir peinlich, weil ich es nicht verbergen konnte, und es ging nur weg, wenn ich trank. Also trank ich – auch schon morgens.

Ich wollte aufhören, aber es ging schon nicht mehr. Das Zittern kam immer häufiger, und so kam es, daß ich auch tagsüber trinken mußte. Ich hatte keinen Mut, mit irgendeinem Menschen darüber zu sprechen. Ich schämte mich furchtbar. Nicht einmal meiner Frau konnte ich eingestehen, daß ich ein Trinker geworden war.

»Ich fing an, heimlich zu trinken«

Bevor ich morgens ins Büro ging, mußte ich zwei oder drei »Flachmänner« trinken, was bis zur Mittagszeit vorhalten mußte. Wenn ich sagte: »Ich geh jetzt zu Tisch«, ging ich in Wirklichkeit in die nächste Kneipe. Es ging rapide abwärts mit mir. Die »Flachmänner« reichten schon bald nicht mehr aus, es mußte jetzt schon eine Flasche sein, die ich vor Arbeitsbeginn halb austrank. Den Rest nahm ich mit ins Büro. Es ist mir heute noch unverständlich, daß ich lange nicht auf mein Trinken angesprochen worden bin. Aber eines Tages war es soweit: Ich mußte zum Chef. Ein Kollege hatte wohl doch etwas bemerkt und in meiner Abwesenheit meinen Schreibtisch kontrolliert. Natürlich hatte er etwas gefunden, denn es war immer sehr schwer, das Leergut abzutransportieren. Ich habe mich damals mit Magenschmerzen rausreden können, aber mir war klar, ich mußte vorsichtiger werden. Diese Lügerei bedrückte mich aber sehr, trotzdem konnte ich nicht aufhören. Vor Arbeitsbeginn präparierte ich mir im Bürgerpark – unser Bürogebäude lag in unmittelbarer Nähe – eine Sprudelflasche halb mit Korn und halb mit Wasser. Die trank ich ganz offiziell während meiner Arbeitszeit. Inzwischen machte mir auch meine Frau Vorhaltungen, die ich mit dem Argument abtat: »Was ist denn schon dabei, wenn ein Mann mal einen trinkt.« Nach außen versuchte ich eine Fassade aufrechtzuerhalten, innerlich war ich wahnsinnig verzweifelt. Nur sah ich damals noch keinen Weg, davon loszukommen. In der Firma war ich ein zweites Mal verwarnt worden, und als ich im September 1970 am Schreibtisch eingeschlafen war, war es soweit:

»Mir wurde fristlos gekündigt«

Ich wußte nicht mehr aus noch ein. Was sollte ich nur machen, was sollte ich meiner Frau sagen, die doch noch an mich und meine Fähigkeiten im Geschäft glaubte. Ich fühlte mich wieder einmal als Versager. Stundenlang bin ich durch den Bürgerpark geirrt, vollkommen verstört, und – wie konnte es auch anders sein – wieder in einer Gaststätte gelandet. Wie ich meiner Frau die Kündigung beigebracht habe, weiß ich nicht mehr.
Heute fahre ich täglich an dem Bürohaus vorbei, und es wird mir oft noch etwas wehmütig. Denn das war bis jetzt meine schönste Arbeitsstelle, die ich mir durch meinen Alkoholmißbrauch kaputtgemacht habe.
Ich habe gleich wieder eine andere Arbeit bekommen, die sogar noch besser dotiert war als die vorige. Nach einem Vierteljahr flog ich raus. Ich konnte mich einfach nicht zusammennehmen und hatte auch hier während der Arbeitszeit getrunken.
Ich fand sofort wieder Arbeit und konnte mich sogar noch einmal verbessern. Man hat mir dort sehr viel Vertrauen entgegengebracht, und ich war auch wirklich guten Willens, aber es

ging schief. Ich brachte die meiste Zeit des Tages damit zu, Alkohol zu beschaffen, ihn heimlich zu trinken und die Flaschen heimlich abzutransportieren. Ich konnte mich selbst nicht mehr ausstehen. Ich hab' gebetet und auf ein Wunder gehofft, aber es tat sich nichts. Ich sah keinen Ausweg mehr.

»Eines Tages hab' ich meiner Frau alles gebeichtet«

Wir beschlossen, das Problem gemeinsam in Angriff zu nehmen. Ich wollte sofort mit dem Trinken aufhören. An einem Freitag fing ich damit an. Die ersten beiden Tage waren fürchterlich. Es fällt mir schwer zu beschreiben, wie es war. Ich flog am ganzen Körper, ich fror oder ich schwitzte, ich mußte würgen und mich übergeben. Am schlimmsten war die Angst, eine wahnsinnige, unerklärliche Angst. Am Sonntag ging es mir etwas besser, auch mein Magen hatte sich etwas beruhigt. Ich schöpfte Hoffnung. Obwohl ich mich am Montagmorgen miserabel fühlte, wollte ich unbedingt zur Arbeit. Trotz meiner Trinkerei hatte ich immer pünktlich mit der Arbeit begonnen. Meine Frau begleitete mich. Was dann geschah, kann ich nur so wiedergeben, wie es mir von meiner Frau geschildert wurde. Ich selbst weiß von alledem nichts mehr. Sie erzählte, ich hätte mich, wie an jedem Morgen, rasiert, wir hätten gemeinsam gefrühstückt und uns unterhalten. Wir seien gemeinsam in die Straßenbahn gestiegen, und als ich ausgestiegen sei, sei ich bewußtlos auf dem Gehweg zusammengebrochen. Man habe mich in ein Krankenhaus gebracht, wo ich erst nach mehreren Stunden wachgeworden sei.

»Ich wurde auf Leberschaden behandelt«

Ich habe fürchterlich getobt, geschrien und um mich geschlagen. Man hat mich daraufhin festgebunden und in einen Extra-Raum geschoben. Die Ärzte hatten schon überlegt, ob man mich nicht nach Bremen-Ost, was damals eine Nervenklinik war, bringen sollte. Meine Frau war dagegen. Heute kann ich sagen: Hätte man mich doch damals dort hingebracht. Vielleicht wäre ich mein Problem eher losgeworden, denn dort gab es eine Alkoholikerstation. Allerdings wußten weder meine Frau noch ich, daß ich Alkoholiker bin. Möglicherweise hätten wir es damals weit von uns gewiesen. Denn das ist das Verrückte: Trotz meines

jahrelangen Trinkens, trotz meiner Zustände wußte ich nicht, daß ich Alkoholiker bin.
Nach einigen Tagen ging es mir besser, und ich wurde auf Leberschaden behandelt, der durch meinen Alkoholkonsum hervorgerufen war. Nach etwa drei Wochen wurde ich entlassen. Dabei wurde mir gesagt: »Wenn Sie den Alkohol weglassen, sind Sie bald wieder ganz gesund.« Bei der Entlassung wurde ich zum ersten Mal auf die »Anonymen Alkoholiker« hingewiesen. Aber das war für mich damals ohne jede Bedeutung. Ich dachte, ich würde es jetzt schaffen, nicht mehr zu trinken. Und ich muß sagen, daß ich auch gar nicht das Bedürfnis nach Alkohol hatte.

»Anfangs fiel es mir nicht schwer, trockenzubleiben«

Wenn ich gefragt wurde, ob ich einen mittrinken wolle, konnte ich ja sagen, der Arzt hat es mir verboten. Meine Frau und ich lebten wieder richtig auf. Ein dreiviertel Jahr war alles gut. Dann wurde ich von meiner Firma nach Büderich am Niederrhein geschickt. An einem sehr schönen Sommertag saß ich auf der Hotelterrasse und sah mir den Schiffsverkehr auf dem Rhein an. Plötzlich kam mir der verfluchte Gedanke, wie schön es wäre, jetzt ein Glas Bier zu trinken. Und ich habe es bestellt. Aber bei einem blieb es nicht. Gegen Mitternacht war ich volltrunken. Und weil es mir am nächsten Tag verhältnismäßig gut ging, wiederholte sich das Ganze am Abend. Ich saß wieder auf der Terrasse und trank. Am nächsten Morgen zitterte ich am ganzen Körper. Es war schlimmer als je zuvor. Ich hing wieder voll drin. Die Abstände zwischen dem Zittern wurden immer kürzer.
Meine Gedanken drehten sich nur noch um Alkohol. Ich konnte nichts anderes mehr denken als, wie komme ich an ihn ran, und wenn ich ihn hatte, wie trinke ich ihn, ohne daß es jemand sieht. Als ich nach Hause kam, wurde es besonders schlimm, denn ich mußte mit allen Mitteln verhindern, daß meine Frau merkte, daß ich rückfällig geworden war. Ihr gegenüber hatte ich nur zugegeben, daß ich hin und wieder mal ein Glas Bier trank. Das schien mir notwendig, weil ich für meine Fahne ein Alibi benötigte. Ich mußte mir, wie ein Eichhörnchen, überall Verstecke anlegen. Das ging so weit, daß ich, wenn ich mal freitags nach Hause kam, vorher durch den Hafen fuhr – wir wohnten damals am Übersee-

hafen – und dort irgendwo eine Flasche versteckte. Samstags oder sonntags ging ich dann schnell dorthin, trank einige kräftige Schlucke, um meinen Pegel wieder in Ordnung zu bringen. Ich war immer noch in der Lage, meinen Zustand zu vertuschen, aber in mir sah es schon wieder böse aus. Ich war sehr verzweifelt, wußte aber nicht, was ich machen sollte. Denn ich hatte Angst, mit dem Trinken aufzuhören. Das schreckliche Erlebnis vom letzten Mal saß mir noch in den Knochen. Wenn wir Besuch hatten oder selbst Freunde besuchten, trank ich vorher, um nicht aufzufallen. Solange die Gäste da waren, hielt ich mich zurück. Kaum war ich allein, holte ich alles nach. Es war ein unwürdiger Zustand. Dieses krampfhafte Zusammennehmen am Wochenende war eine unheimliche Belastung für mich. Ich war froh, wieder auf eine Baustelle zu kommen. Nach Möglichkeit so weit weg von zu Hause, wie es ging. Mir tat es leid um meine Frau, die ich immer belog. Sie hatte es nicht verdient. Aber ich konnte nicht anders, auch wenn ich es noch so gerne wollte.

»Der Alkohol war stärker«

Bis zu diesem Zeitpunkt war ich noch mit meinem Geld hingekommen, aber durch meinen ständig steigenden Alkoholkonsum fing es an, kritisch zu werden. Ich mußte also sehen, wie ich an zusätzliches Geld herankam. Ich hatte eine Baustellenkasse, mit der ich manipulieren konnte, was ich auch tat. Aber die Angst, entdeckt zu werden, saß mir nun noch zusätzlich im Nacken. Da ich auch den Einkauf für eine Großbaustelle hatte, konnte ich mich, was ich bis dahin nie getan hatte, einladen lassen, und so blieb auch mancher Geldschein kleben. Das war zwar die allgemeine Praxis, aber für mich war es nie in Frage gekommen. Ich begriff mich als ehrlos. Dieses Gefühl verfolgte mich auf Schritt und Tritt. Da ich ja nun immer unter Alkohol stand, wußte ich manchmal nicht, was ich getan hatte. Dann überkam mich furchtbare Angst. Ich hatte die fürchterlichsten Schweißausbrüche und schämte mich unsagbar. In einem lichten Moment beschloß ich, mir einen festen Arbeitsplatz in Bremen zu suchen. Ich hoffte, dadurch die Situation für mich und meine Frau zu verbessern. Ich habe dann, nachdem ich eine andere Arbeit gefunden hatte, gekündigt. Meine Baukasse habe ich ordnungsgemäß übergeben.

»Ich hatte den festen Vorsatz, ein neues Leben zu beginnen«

Meine Frau hatte inzwischen auch mitbekommen, wie es um mich stand, und war froh über meinen Entschluß. Am 2. 1. 1972 sollte ich meine neue Arbeitsstelle antreten. Ich hatte vorher noch ein paar Tage Urlaub, die ich mit meiner Frau verbrachte. Es ist mir heute noch unklar, wie ich diesen Urlaub mit sehr wenig Alkohol überstanden habe. Ich trank nur so viel, daß ich ruhig wurde. Ich schöpfte neue Hoffnung. Aber es sollte noch schlimmer kommen.
Nachdem ich in der neuen Firma angefangen hatte, ging es wieder von vorne los, und es war schlimmer als zuvor. Arbeitsbeginn war acht Uhr. Ich ging aber schon um sechs Uhr aus dem Haus, kaufte mir am Kiosk eine halbe Flasche Korn und fuhr mit dem Bus zum Bürgerpark. Ich konnte es kaum erwarten, bis der Bus dort endlich ankam. Ich stürzte hinaus, hinter den nächsten Busch – ich hab' so gezittert, daß ich die Flasche kaum öffnen konnte. Hatte ich es endlich geschafft und einen Schluck getrunken, mußte ich würgen und mich übergeben. Aber ich habe es so lange versucht, bis der Stoff drinblieb. Nachdem ich die Hälfte der Flasche getrunken hatte, ging es mir besser, und ich konnte durch den Bürgerpark spazieren. Zwischendurch ging ich immer wieder hinter einen Busch, nahm einen Schluck und hoffte, daß es niemand gesehen hatte. Es war beschämend! Wie hab' ich die Leute beneidet, die am Morgen ihren Hund dort ausführten, oder die Sportler, die ihren Morgenlauf machten. Sie brauchten nicht so wie ich, einem Dieb gleich, durch den Park zu laufen.
Wenn die Flasche leer war, bin ich ins Büro gegangen. Anfang des Jahres konnte ich damit bis zur Mittagszeit auskommen. Mittags hab' ich in Gaststätten etliche Korn getrunken, was bis zum Feierabend reichte. Dann mußte ich aber ganz schnell zum »Entspannen«, wie ich es nannte, wieder in die Gaststätte. Richtig schlafen konnte ich schon lange nicht mehr. Wenn es hoch kam, waren es vier Stunden. Zu Hause hatte ich überall Flaschen versteckt, und wenn das Zittern anfing, mußte ich sehen, wie ich heimlich an sie rankam.
Es ist mir ein Rätsel, wieso es mit meiner Arbeit geklappt hat. Ich habe später mit Kollegen darüber gesprochen. Die sagten mir, manchmal sei ich ja recht wunderlich gewesen, aber so schlimm nun auch wieder nicht. Wenn die gewußt hätten, welche Angst in mir saß, entdeckt zu werden!

»Im Juni 1973 sind wir geschieden worden«

Zu Hause konnte ich mit der Zeit nicht mehr alles vertuschen. Meine Frau hatte mir auch schon mit Scheidung gedroht, was ich nicht wollte, denn ich hatte sie sehr gern. Aber der verfluchte Alkohol war stärker und hat mich immer wieder geschafft. Mein Verhalten war schlimm. Aus irgendeiner Kleinigkeit konnte ich einen Streit fabrizieren, um Zeit zu bekommen. Ich schlug die Tür hinter mir zu, ging weg, und dann hatte ich Zeit. Wenn ich dann angeturnt nach Hause kam, hieß es: »Du hast ja schon wieder getrunken.« Dann hab' ich natürlich gesagt: »Ich doch nicht.« Und so gab ein Wort das andere, und dann bin ich wieder gegangen. Das konnte sich am Abend so vier- bis fünfmal wiederholen. Daß ein Partner das auf die Dauer nicht mitmacht, kann ich verstehen.

So verlief das Jahr 1972. Mein Trinken wurde von Tag zu Tag schlimmer. Ich wurde immer unglücklicher. Immer häufiger war von Scheidung die Rede.

Nach einem Streit mit meinen Schwiegereltern – ich hatte sie aus der Wohnung gewiesen, womit ich lange Zeit nicht fertig geworden bin –, hat meine Frau die Scheidung eingereicht. Das war im Februar 1973. Im Juni 1973 sind wir geschieden worden. Meine Frau zog aus und überließ mir die Wohnung. Nun war ich alleine. Es war grauenvoll. Ich hörte immer noch ihre Stimme, oft glaubte ich, gleich geht die Tür auf und sie kommt rein. Dann wieder dachte ich: »Jetzt kann ich wenigstens ungezwungen trinken.« Und das tat ich denn auch. In jeden Raum – selbst auf die Toilette – stellte ich eine Flasche Korn und ein Glas. Glücklich hat es mich nicht gemacht. Während der vielen Stunden, die ich allein in meiner Wohnung saß, kamen mir die fürchterlichsten Gedanken. Ich bekam schreckliche Angst, eine Angst, wie ich sie noch nie erlebt hatte und die ich auch schwer beschreiben kann. Ich habe dann so viel Alkohol getrunken, bis ich nicht mehr konnte. Wenn ich wieder zu mir kam, war es noch schrecklicher. Es war, als ob ich keine Luft bekäme, als würde mir die Kehle zugedrückt. Ich hatte noch nie vorher so fürchterlich gezittert und gewürgt. Ich habe es dann aber geschafft, mich mit Alkohol ruhigzustellen. In den wenigen klaren Momenten, die ich hatte, habe ich versucht, Bilanz zu ziehen.

»Ich hatte drei Möglichkeiten: mich totzutrinken, verrückt zu werden oder aufzuhören«

Aufhören, das wollte ich. Aber wie, wie sollte ich aufhören? Ich rief sämtliche Krankenhäuser in Bremen an, aber keines wollte mich ohne Einweisung aufnehmen. Endlich fand ich eine Klinik, die mich wenigstens zu einem Gespräch bestellte. Es war das erste Mal in meinem Leben, daß ich ohne Scheu, weil ich Vertrauen hatte, über mich sprechen konnte. Ich durfte bleiben. Nach zwei Tagen ging es mir besser. Allerdings wußte ich nicht, daß man mich mit Tabletten gegen Alkohol behandelte. Die Unruhe, die in mir war, blieb. Nach vier Wochen wurde ich entlassen. Die Leberwerte stimmten wieder. Einen Tag nach der Entlassung trank ich wieder. Ich fühlte mich so einsam und verlassen und wußte nichts mit mir anzufangen. Nach einigen Glas Bier war ich wieder soweit: Ich habe tagelang durchgetrunken. Wieder kam ich ins Krankenhaus. Diesmal blieb ich drei Wochen dort, aber bei der Entlassung war ich genau wie vorher voller Unruhe. Diesmal blieb ich eine Woche trocken. Im Krankenhaus hatte ich einen Mann kennengelernt, dem es genauso ging wie mir. Wir hatten uns verabredet, nach dem Klinikaufenthalt zu den »Anonymen Alkoholikern« zu gehen. Wir sind dort nie angekommen, sondern in einer Kneipe gelandet. Die Zeit, die danach kam, war die grausamste, weil ich kaum noch einen klaren Moment hatte.

In dieser Zeit starb auch meine Mutter. Ich fuhr zur Beerdigung, kann mich aber an nichts mehr erinnern. Ich habe heute noch ein sehr ungutes Gefühl, wenn ich daran denke. Ich bin mit einer Taxe von Bremen an die Ostsee gefahren. Mit dem Zug wäre ich wohl nie angekommen. In der Endphase hatte ich meine Eltern sehr vernachlässigt und mich als schlechter Sohn erwiesen. Ich glaube aber, wenn meine Eltern gewußt hätten, daß Alkoholismus eine Krankheit ist, sie hätten mir verziehen.

Nach der Beerdigung bin ich gleich wieder zum Arzt gegangen. Dieser hat fürchterlich mit mir geschimpft und eine weitere Behandlung abgelehnt. Für mich käme jetzt nur noch eine Entziehungskur in Frage. Heute bin ich ihm dankbar, daß er mich nicht weiterbehandeln wollte.

Ich bin dann zur Suchtberatungsstelle gegangen – ich hätte alles getan, denn ich hatte nur noch den einen Wunsch, mit dem verdammten Alkohol fertig zu werden. Aber ich hatte auch Angst: Was würde mich dort erwarten? Ich kam rein, setzte mich hin, und da sagte einer:

»Ich heiße Rudi und bin Alkoholiker.«

Was jetzt passierte, wird für mich immer ein Wunder bleiben. Mir war in diesem Moment so, als fiele irgendwas von mir ab, eine zentnerschwere Last, die ich bisher mit mir herumgetragen hatte. Da saß ich jemandem gegenüber, der von sich sagte, er sei ein Alkoholiker, etwas, das ich von mir schon lange ahnte. Ich hatte ja auch heimlich alles gelesen, was ich über Alkoholismus in die Hände kriegte. Aber es zugeben, nein, das mochte ich nicht. In diesem Gespräch brach alles, was mich so furchtbar bedrückte, aus mir heraus. Ich redete mir alles von der Seele. Rudi nickte und sagte: »Ja, das war bei mir auch so.« Dann erzählte er mir von sich und daß er ein »Anonymer Alkoholiker« sei. Ich habe an seinen Lippen gehangen und fasziniert zugehört und dabei viele Gemeinsamkeiten festgestellt: Rudi war der erste AA-Mann, den ich kennenlernte, und derjenige, der mir am Anfang meiner Trockenheit am meisten geben konnte. Seine Ausführungen habe ich immer sofort verstanden und für mich angenommen. Durch ihn bekam ich auch sofort ein Bett in der Klinik Bremen-Ost. Dafür bin ich ihm noch heute dankbar.

»Am 6. Oktober 1973 begann meine Entziehungskur«

Vorher habe ich mir noch eine Flasche Korn geholt und sie auch getrunken. Entsprechend kam ich in der Klinik an. Ich wurde sofort ins Bett gesteckt und mir wurde gesagt, ich müsse eine Woche dort bleiben und mich durchzittern. Medikamente gäbe es keine. Das fand ich natürlich gemein. Heute finde ich es gut. Die erste Nacht verlief noch ganz gut. Ich hatte ja auch noch genügend Alkohol in mir. Aber am nächsten Morgen ging es mit dem Zittern los. Auch die unbeschreibliche Angst kam wieder und die Schweißausbrüche, ebenso das entsetzliche Würgen. Zwischendurch kamen meine Mitpatienten, die schon aufstehen durften, und versuchten, mich aufzumuntern. Solange sie da waren, ging es, aber sobald ich wieder allein war, kam die Angst wieder. Ich hörte, wie man so sagt, Musik aus der Steckdose. Obwohl kein Radio in der Nähe war, hörte ich Melodien. War ich mal eingeschlafen, schreckte ich in Schweiß gebadet aus

Angstträumen auf. Es war grausam. Ich hab' mich mit dem Gedanken beruhigt, wenn wirklich etwas ist, wird dir sofort geholfen. In diesen Tagen hatte ich Zeit, über mein bisheriges Leben nachzudenken. Das war nicht gerade angenehm. Es waren unwahrscheinlich lange sieben Tage, bis ich endlich aufstehen durfte.

Dann mußte ich an der Therapie teilnehmen. Die Therapiestunden waren nicht gerade angenehm, da wurde man ganz schön angeschossen. Aber sonst gefiel mir alles. Schon drei Tage nach dem Aufstehen durfte ich abends in die Stadt fahren und an einem meeting teilnehmen. Ich besuchte eine Gruppe der Anonymen Alkoholiker in Bremen-Findorff, wo ich bis heute, bis auf kleine Ausnahmen, jeden Donnerstag hingehe. Ich war von diesem ersten meeting unheimlich beeindruckt. Wir waren mit mehreren Freunden aus der Klinik dort hingefahren und sehr herzlich aufgenommen worden. Einer kam auf uns zu und sagte: »Mein Name ist Gerd, kommt rein und setzt euch zu uns.« Da war meine erste Scheu schon abgefallen. Dann begann das meeting. Einer sagte: »Mein Name ist Horst, und ich bin ein Alkoholiker.« Dann sagte einer: »Ich heiße Hans und bin Alkoholiker.« Das hat mich genauso getroffen wie bei Rudi in der Suchtberatungsstelle, daß diese Leute so ohne Hemmungen von sich sagten, sie seien Alkoholiker. Ich war auch einer, das war mir inzwischen klargeworden. Aber irgendwie war ich gar nicht so erschrocken über diese Erkenntnis. Es war alles für mich so ergreifend, und ich hatte plötzlich das Gefühl, als sei alles viel heller um mich. Nach langer Zeit fühlte ich mich wieder glücklich.

»Nach etwa fünf Wochen schrieb ich zwei Briefe«

Jetzt, wo ich anfing, klarer zu denken, ging mir meine von mir kaputtgesoffene Ehe nicht mehr aus dem Sinn. Ich dachte voller Wehmut daran zurück. In der Hoffnung, einen neuen Anfang machen zu können, schrieb ich einen langen Brief an meine geschiedene Frau. Aber ich bekam keine Antwort. Später habe ich dann erfahren, daß sie schon am Ende unserer Ehe mit einem anderen Mann zusammen war. Zu dem Zeitpunkt hat es mich nicht mehr sehr getroffen. Den zweiten Brief schrieb ich an meinen Bruder, den einzigen Verwandten, den ich noch hatte. Auch ihm hatte ich, als ich noch trank, oft sehr wehgetan, und er

wollte nicht mehr so recht etwas mit mir zu tun haben, was ich verstehen konnte.
Eines Tages stand er plötzlich in der Klinik vor mir.
Ich hab' mich unwahrscheinlich gefreut. Er hat mir auch keine Vorwürfe gemacht, sondern war glücklich, daß ich endlich den Weg hierher gefunden hatte. Wir verstanden uns auf Anhieb wieder so gut wie früher, bevor ich mit dem Trinken angefangen hatte. Wir verlebten einen herrlichen Tag. Eine Woche später lernte ich meine Schwägerin kennen, und wir verstanden uns sofort. Das war toll für mich. Plötzlich hatte ich wieder Menschen, die sagten, daß sie mich mögen. Es war ein nie gekanntes Glücksgefühl und ein Erfolgserlebnis.
Ja, und dann habe ich Erika kennengelernt. Wie, das habe ich ja schon geschildert.

Erika und Fritz – Der mühsame Weg aus dem Suff

Fritz:
»Trockenwerden ist sehr schwer, aber schön«

Zwei Tage vor Weihnachten wurde ich entlassen. Vorher hatte ich ein Abschlußgespräch mit Dr. Baumann. Es wurde das wichtigste Gespräch, das ich je hatte. Mein ganzes Leben wurde schonungslos aufgerollt. Ratschläge wurden mir nicht gegeben, aber meine bisherigen Fehlhaltungen wurden mir sehr deutlich aufgezeigt. Dr. Baumann machte mir außerdem klar, was mit zwei Alkoholikern passieren kann, die gleich nach der Kur zusammenziehen: »Das ist, als würden zwei Nichtschwimmer in die Weser springen.« Diesen Satz habe ich mir sehr gut gemerkt. Ich habe dieses Gespräch mein Startkapital genannt. Für Erika und mich war klar, daß jeder für sich erst einmal seinen Schutthaufen beseitigen mußte, ehe an ein Zusammenziehen zu denken sei. Ein Ziel war damals für uns wirklich noch nicht in Sicht.

An einem Sonnabend wurde ich entlassen. Es war schon dunkel, als ich meine Wohnung betrat. Und wieder spürte ich Angst, denn ich wußte ja nicht, wie ich sie verlassen hatte. Nachdem meine Frau ausgezogen war, hatte ich meine Wohnung ja nie richtig mit vollem Bewußtsein erlebt. Es empfing mich ein unbeschreiblicher Gestank. Alles war schrecklich ungepflegt. Es sah wüst aus. Ich fühlte mich plötzlich sehr einsam, und mich überkam ein ungutes Gefühl. Ich hatte schon den Gedanken rauszulaufen, was mich unweigerlich in die nächste Gaststätte geführt hätte. Aber irgend etwas hielt mich davor zurück. Sollte alles umsonst gewesen sein? Ich weiß heute noch genau, daß ich mich an die Worte von Dr. Baumann erinnert habe: »Trockenwerden ist sehr schwer, aber schön.« Ich bin in der Wohnung geblieben und fing an, aufzuräumen. Ich überlegte: »Übermorgen ist Heiligabend. Da willst du nicht allein sein, also mußt du etwas unternehmen.« Ich bin noch am selben Abend in die Klinik gefahren und habe mit Erika gesprochen. Wir haben Pläne gemacht für die Festtage.

Ich habe Freunde, die mit mir in der Klinik waren, angerufen und

sie für den 24. Dezember eingeladen. Mein Bruder und meine Schwägerin kamen am ersten Weihnachtstag.
Mit einem Mal hatte ich alle Hände voll zu tun mit Vorbereitungen, was mir unheimlich viel Spaß gemacht hat. Es war für alle das schönste Weihnachtsfest seit vielen Jahren.

Fritz:
»Durch den Alkohol war ich impotent geworden«

Dann kam das nächste Wochenende. Erika hatte zwei Tage Urlaub, die sie gerne bei mir verbringen wollte. Vor diesem Augenblick hatte ich mich schon lange gefürchtet. Ich hatte nämlich festgestellt, daß ich impotent geworden war, mochte aber damals mit niemandem darüber sprechen. Jetzt war es soweit: Ich mußte Farbe bekennen. Zuerst dachte ich: »Du holst Erika einfach nicht ab.« Sogar der Gedanke ans Trinken kam mir, denn mit Alkohol ging es ja. Was sollte ich nur machen? Ich fühlte mich als halber Mann. Dann überlegte ich: »Sei doch zum ersten Mal in deinem Leben kein Feigling. Stell dich! Rede darüber!« Als Erika kam, ist alles aus mir herausgesprudelt. Und was dann geschah, war wieder wie ein Wunder für mich. Erika sagte, sie hätte meine Lage geahnt und wäre ihretwegen ganz froh darüber. Wir verbrachten dann ein unwahrscheinlich schönes Wochenende. Unsere Freunde aus der Gruppe, denen wir unsere Situation erzählten, waren gar nicht erstaunt, denn Impotenz kommt bei vielen Alkoholikern vor. Leider wird dieses Thema in den Gruppen oft totgeschwiegen. Uns wurde gesagt: »Ihr müßt Geduld haben. Mit der Zeit kommt das wieder, und ihr müßt üben, üben, üben.« Das haben wir auch gemacht. Mit Streicheln, Küssen und Schmusen. Und eines Tages klappte es wieder.

Erika:
»Da war ich so erschrocken«

Das wollte ich ja gar nicht. Und da ging es auch nicht. Fritz hat dann gesagt: »Jetzt haben wir bei mir anderthalb Jahre gewartet, dann können wir auch noch bei dir warten.« Es ist auch heute noch nicht ganz in Ordnung. Ich hatte mich auch so an dieses Streicheln und Schmusen und diese Zärtlichkeiten gewöhnt, daß ich Angst hatte, wenn das bei Fritz jetzt wieder klappt, daß er mich dann im Bett nur noch benutzt. Ich hatte schreckliche Angst vorm Geschlechtsteil. Ich dachte halt, daß dieses schöne, intensive Gefühl auf einmal weg ist. Aber es ist nur noch inniger geworden.

Erika:
»Wir haben dann so lange weitergeübt, bis Stefan unterwegs war«

Ja, und da bin ich wieder erschrocken, weil ich ja schon zweimal eine Partnerschaft wegen eines Kindes eingegangen war, und das sollte mir nicht noch einmal passieren. Ich wußte ja auch nicht, wie Fritz wohl darauf reagierte, denn wir waren ja damals noch nicht verheiratet. Ich bin dann in meine Gruppe – vom Sozialtherapeutischen Dienst –, und da hab' ich das dann erzählt. Zuerst hab' ich es aber meiner Tochter Beate erzählt. Wir sind zusammen beim Frauenarzt gewesen, und das war eine ganze Zeit unser Geheimnis. In der Gruppe hab' ich mir ausgemalt, wie Fritz reagieren könnte. Ich hab' gesagt: »Der braucht mich nur erstaunt anzugucken, dann dreh' ich mich um und geh' weg.« Ich hab' es ihm dann in der Straßenbahn erzählt, als wir zur Gruppe fuhren. Ich hab' gedacht, da kann er mir ja nicht weglaufen. Und dann hab' ich, ehe er überhaupt antworten konnte, gesagt: »Glaub' ja nicht, daß du mich jetzt heiraten mußt. Ich krieg' das Kind auch alleine groß.« Ich hab' ihn zuerst gar nicht zu Wort kommen lassen. Auf einmal hat er gestrahlt und gesagt: »Mir ist egal, wie du darüber denkst, aber mein Kind kriegt auch meinen Namen!« Und er hat sich riesig gefreut.
Die Schwangerschaft war wunderschön. Die ganze Gruppe hat sich mit uns gefreut. Ich hab' mich so richtig tragen lassen in der Schwangerschaft. Ja, und daß es dann noch ein Junge war – drei Mädchen hatten wir ja schon –, das fanden wir besonders toll. Und irgendwo war das auch der Höhepunkt unserer Trockenheit.

Fritz:
»Als Stefan da war, war ich irgendwie komplett«

Ich hab' mich ganz riesig auf das Kind gefreut. Denn ich hatte mir schon in der ersten Ehe ein Kind gewünscht, was seltsamerweise nicht klappte. Nachdem meine erste Frau wieder geheiratet hatte, bekam sie ein Baby, und da hab' ich sofort gedacht, es hätte an mir gelegen. Ich machte mir laufend Selbstvorwürfe: »Da hast du ja den Beweis, alles wieder du, nur du.« Ja, und als Stefan dann kam, war das Problem ja automatisch für mich gelöst worden. Stefan ist auch für mich der Höhepunkt meiner Trockenheit. Das war für mich das Größte überhaupt. Und irgendwie bin ich dadurch noch ruhiger geworden. Als der da war, war ich irgendwie komplett.

Der »Höhepunkt der Trockenheit«: der zweijährige Stefan.

Fritz:
»Wie komme ich mit Erikas Kindern zurecht?«

Nachdem ich Erika kennengelernt hatte und wir auch schon die Idee hatten, daß wir zusammenbleiben wollten, war da natürlich eine Schwierigkeit: die drei Kinder. Damit mußte ich ja auch erst einmal fertig werden.
Ich habe oft gedacht: »Wie komme ich mit Erikas Kindern zurecht?« Ich hab' mir dann überlegt: »Kinder kaufen, das ist einfach. Ich könnte ihnen ja Geld geben.« Dann hab' ich mir aber gesagt: »Du mußt den Kindern einfach zeigen, daß du da bist, und du mußt abwarten.« Und dann war es so, daß die Kinder von sich aus kamen. Die hatten ja auch einiges vermißt in der ersten Ehe. Wir haben dann alles miteinander besprochen und sehr viel zusammen gemacht. Irgendwie war mir klar: Erika krieg' ich nur

über die Kinder. Ich hatte dann ein sehr gutes Verhältnis zu den Kindern, und plötzlich stand Erika etwas draußen vor. Erika hat in der damaligen Zeit die Kinder noch nicht so als Partner akzeptieren können. Wahrscheinlich war das für sie als Mutter schwieriger als für mich.
Da gab's dann Eifersüchteleien auf beiden Seiten. Mit der Zeit hat sich das alles gelegt. Und heute läuft es bei uns sehr gut mit den Kindern. Meistens merke ich gar nicht, daß es nicht meine eigenen sind.

Erika:
»Ich hab' mich nur aus Trotz trockengehalten«

Das Schwerste für mich war zuzugeben, daß ich Alkoholikerin bin. In den Selbsthilfegruppen der Anonymen Alkoholiker ist es üblich, daß Betroffene ihren Vornamen nennen und sagen: »Ich bin Alkoholiker.« Da ich aber noch immer zweifelte und das nicht zugeben mochte, habe ich in dieser Gruppe ein Jahr rumgesessen und nie was gesagt. Ich brachte es einfach nicht über die Lippen zu sagen: »Mein Name ist Erika, und ich bin Alkoholikerin.« Dieses Jahr war furchtbar für mich, weil es ein krampfhaftes Trockenbleiben war. Als ich in die Klinik kam, sind meine drei Kinder, die ja ziemlich verwahrlost waren, weil ich mich nicht um sie gekümmert hatte, ins Heim gekommen. Als ich aus der Klinik rauskam, sagte man mir, wenn ich mich ein Jahr bewähre, in die Gruppen gehe, nicht mehr trinke und zeige, daß ich was für mich tun will, dann würde ich die Kinder wiederbekommen. Und das war mein Ziel: dieses eine Jahr. Ich habe mich nur aus Trotz trockengehalten: »Ich werde euch das zeigen, ich werde euch das beweisen, den Ärzten und allen, die mir eigentlich keine Chance gegeben hatten. Ich schaff' das, ich kriege meine Kinder.« Und tatsächlich – auf den Tag genau – ein Jahr später bekam ich das Sorgerecht für meine Kinder.

Erika:
»Das lohnt sich doch alles nicht, dann kann ich auch trinken«

Als mit den Kindern die ersten Schwierigkeiten auftauchten, bin ich durchgedreht. Die Kinder lehnten mich ab, zum Teil wollten sie gar nicht mehr zu mir. Die eine wollte im Heim bleiben, die

Fritz wird von Erikas Kindern geliebt und geschätzt.

andere wollte mit ihrem Vater mitgehen, die andere wollte sich das noch mal überlegen, damit hatte ich nicht gerechnet. Dazu kamen dann noch Erziehungsschwierigkeiten. Die Kinder waren ja nicht gewohnt, daß ich auch mal was verbot oder mal was sagte. Ich hab' denen ja immer nur Geld gegeben, damit sie mich in Ruhe ließen und ich in Ruhe trinken konnte. Und Erika, die Große, hatte, während ich trank, ganz meine Aufgabe übernommen. Die hatte ihre Geschwister versorgt und den ganzen Haushalt gemacht. Die stand nun plötzlich da und hatte keine Aufgabe mehr. Die war völlig durcheinander. Sie rutschte ab in dubiose Kreise, alles Sachen, die sie vorher nie gemacht hatte. Andrea, die Zweitälteste, lief mir immer weg und hatte enorme Schulschwierigkeiten. Ich hatte immer den Eindruck – und das habe ich den Kindern auch gesagt –, daß die mich lieber wieder saufen sehen würden. Das wäre bequemer für sie. Ich hab' oft gesagt: »Ihr wollt mich nicht, das lohnt sich alles gar nicht. Das soll schön sein?« Denn ich hatte ja immer gehört in den Gruppen, daß das schön sein soll, das Trockensein.
Mit dem Gericht hatte ich schon einiges überstanden. Ich wußte schon in etwa, wie ich meine Schulden bezahlen konnte, alles ist so langsam in Gang gekommen. Da wollte ich mit einem Mal wieder trinken. Irgendwie war alles zuviel für mich. Fritz war zu dieser Zeit gerade beruflich im Ausland. Ich saß also ganz alleine da. Vorher hatte ich immer mit ihm telefoniert und mich aussprechen können. Irgendwann kam bei mir der Punkt, wo ich sagte:

»Das lohnt sich doch alles nicht, dann kann ich auch trinken.«
Da war ich aber Gott sei Dank mit meiner Gruppe schon so verwachsen, daß ich da angerufen hab', mitten in der Nacht. Es meldete sich ein AA-Freund, den ich gar nicht kannte, und der redete dann mit mir: »Hör zu, bevor du trinkst, überleg dir das, du hast doch schon ein Jahr geschafft, es ist doch egal, ob das krampfhaft war oder nicht. Hauptsache, du hast es geschafft.« Und damit hat er mir Mut gemacht. Er weckte dann noch seine Frau, die ich auch nicht kannte. Die beiden hatten auch drei Kinder, und die Frau erzählte mir dann, daß sie mit ihren Kindern ähnliche Schwierigkeiten hätten, daß das auch Pubertätsstörungen sein könnten. Über all das hatte ich mir nie Gedanken gemacht. Meine Kinder sind irgendwie großgeworden. Daß das Entwicklungsstörungen sein könnten – außerdem waren die ja durch mich auch verhaltensgestört –, das ist mir nicht in den Sinn gekommen. Die beiden haben mich dann so getröstet, daß es wieder ging.
Und da ist dann was ganz Tolles mit mir passiert: Als ich wieder in meine Gruppe kam, konnte ich es kaum erwarten, bis es losging. Da ging mein Finger hoch, und ich konnte zum ersten Mal nach einem Jahr sagen: »Ich heiße Erika und bin Alkoholikerin.« Und ich weiß auch noch, meine ersten Worte, die kamen so durcheinander raus: »Bei mir tut sich was, da kommt was, ich merke, es ändert sich was, irgendwo fängt bei mir was an.« Das waren meine ersten Worte. Und von da an ging es.

Die Notwendigkeit der Gruppen

*»Unser Hauptzweck ist, nüchtern zu bleiben
und anderen Alkoholikern
zur Nüchternheit zu verhelfen«*

Durch Erika und Fritz bekam ich die Möglichkeit, ein Gruppentreffen der Anonymen Alkoholiker in Bremen aufzunehmen. Seit ihrer Entlassung aus der Klinik 1973 besuchen die beiden einmal wöchentlich dieses »meeting«, wie es in AA-Kreisen genannt wird. Anwesend waren 28 Männer und sieben Frauen. Die Atmosphäre war sehr gelöst und herzlich.

Der Ablauf eines solchen meetings hat mich anfangs erstaunt. Es wird nicht diskutiert. Jeder Teilnehmer kann – nach Wortmeldung – reden, was er will und solange er will. Er wird nicht unterbrochen. Es findet also kein direkter Dialog statt. Jeder redet nur von sich. Auf diese Weise bekommt der, der spricht, die Chance, sein Problem »loszuwerden« und damit klarer zu sehen, und der, der zuhört, die Möglichkeit, sich vielleicht in der Aussage des anderen wiederzuerkennen.

Nach jedem Bericht folgt ein »Danke«. Damit macht der Redner deutlich, daß seine Aussage beendet ist, es bedeutet aber gleichzeitig auch, daß er sich bei der Gruppe bedankt. Diese Art des Miteinanderumgehens war mir zunächst ungewohnt und befremdlich. Ich habe aber inzwischen verstanden, daß der therapeutische Wert der AA-Selbsthilfegruppen genau da zu suchen ist.

Die Sitzung begann mit einem Moment des Schweigens. Danach las der Gruppensprecher die Präambel der Anonymen Alkoholiker vor:

> »Anonyme Alkoholiker sind eine Gemeinschaft von Männern und Frauen, die miteinander ihre Erfahrung, Kraft und Hoffnung teilen, um ihr gemeinsames Problem zu lösen und anderen zur Genesung vom Alkoholismus zu verhelfen.
> Die einzige Voraussetzung für die Zugehörigkeit ist der Wunsch, mit dem Trinken aufzuhören.
> Die Gemeinschaft kennt keine Mitgliedsbeiträge oder Gebühren; sie erhält sich durch eigene Spenden.

Die Gemeinschaft der AA ist mit keiner Sekte, Konfession, Partei, Organisation oder Institution verbunden; sie will sich weder an öffentlichen Debatten beteiligen, noch zu irgendwelchen Streitfragen Stellung nehmen. Unser Hauptzweck ist, nüchtern zu bleiben und anderen Alkoholikern zur Nüchternheit zu verhelfen.«

Als erstes wurde gefragt: »Hat jemand ein Problem?« Die nachfolgenden Wortmeldungen gebe ich gekürzt und auszugsweise wieder.

Mein Name ist Günther, ich bin Alkoholiker.

Ich hab' einen ganz schlimmen Tag hinter mir. Heute mittag wurde in meiner Firma gefeiert, da hatte einer Geburtstag. Natürlich wurde auch getrunken. Das war furchtbar für mich. Ich kann gar nicht sagen, was da bei mir vor sich ging. Ich bin ja noch nicht lange aus der Klinik. Mir wurde heiß und kalt, ich fing an zu schwitzen. Ich wußte einfach nicht, was ich machen sollte. Trinken wollte ich nicht, aber ich hab' nicht fertiggebracht zu sagen, daß ich Alkoholiker bin. Danke.

Mein Name ist Fred, ich bin Alkoholiker.

Ich hab' sehr viele Anläufe in die Trockenheit gemacht, bevor es mir gelungen ist, trockenzuwerden. Während der verschiedenen Phasen, in denen ich damals nichts getrunken hab', hab' ich nie gesagt, was mit mir los ist. Dazu war ich einfach nicht bereit. Ich hab' immer Ausflüchte gefunden: »Ich hab's gerademal an der Leber« oder: »Ich muß gerademal aussetzen« oder: »Ich krieg' Medikamente verschrieben, die sich nicht mit Alkohol vertragen.« Ich hab' immer versucht, mich geschickt aus der Affäre zu ziehen. Ich weiß heute noch genau von mir selbst, warum ich nicht sagen wollte, daß ich Alkoholiker bin. Weil ich mich nicht blamieren wollte, wenn man mich mal wieder mit einem Köm oder einem Bier in der Hand gesehen hätte. Ich hab' dann im meeting oft nichts damit anfangen können, wenn gesagt wurde: »Ich hab' mich als Alkoholiker ›angenommen‹.« Ich dachte: »Mensch, entweder bist du einer oder nicht«, aber mich annehmen, mich selbst wieder leiden mögen, auch mit meinem Alkoholismus, damit konnte ich lange Zeit nichts anfangen. Ich weiß heute, was das ist. Als mir klar war, daß ich nicht mehr trinken kann und daß ich es mit der AA versuchen wollte, bin ich einfach ins kalte Wasser gesprungen und hab' meinen Arbeitskollegen, meinen Vorgesetzten, den Nachbarn, guten Freunden und Bekannten – wenn es sich ergab – gesagt: »Ich bin Alkoholiker. Deswegen trinke ich nichts.« Mich labert heute kein Mensch mehr an, doch mal einen mitzutrinken. Ich weiß heute, daß ich da gut mit gefahren bin, und das ist wohl ein Teil von dem »Sich-Annehmen«, sich wirklich zu erkennen. Für mich war Alkoholismus immer ein Charaktermangel, den man doch wohl noch in den Griff kriegen müßte. Als ich dann wußte, daß es eine Krankheit Alkoholismus gibt, da konnte ich das dann sagen, ohne mich zu schämen. Ich weiß von mir, als ich noch nicht bereit war zuzugeben, daß ich Alkoholiker bin, daß ich mir damit noch alle Türen offengelassen hab', vielleicht eines Tages doch wieder zu trinken. Danke.

Mein Name ist Silke,
ich bin alkohol- und medikamentenabhängig.

Meine Phasen, die ich hab', sind immer noch sehr unterschiedlich. Mal himmelhochjauchzend, mal zu Tode betrübt. Ich krieg' das einfach nicht in den Griff. Ich weiß auch nicht, warum. Als meine Alkoholphase anfing, das war 1971, da haben wir eine Gaststätte übernommen, und da habe ich gemeint, das Trinken gehöre dazu. Ich hab' gedacht, ich müßte eine gute Geschäftsfrau sein. In der Anfangszeit habe ich mäßig getrunken, hab' noch meinen Haushalt gemacht und meine Kinder versorgt. Als wir das Geschäft übernahmen, war ich gerade hochschwanger, und als Marco dann geboren wurde, das war 1972, habe ich gemeint, ich müßte alles nachholen – essen und trinken. Ich ging fürchterlich in die Breite und wurde natürlich auch von meinem Mann angehalten, ich solle abnehmen. Zum Schluß habe ich 78 Kilo gewogen, und dann habe ich eine Radikalkur gemacht ohne ärztliche Kontrolle. Nulldiät, höchstens mal ein Joghurt, und hab' dann aber auch angefangen zu rauchen. Dann hab' ich als Ersatz für Nahrung mal ein Glas Wein getrunken und nachher auch Schnäpse mit Wasser. Ich nahm immer mehr ab, obwohl ich Alkohol trank. Ich meinte, das wären auch Kalorien, davon müßte ich eigentlich zunehmen. Später hab' ich den Wein wie Wasser getrunken. Ich merkte, daß irgendwas nicht in Ordnung war, aber ich schob das darauf, daß ich diese Abmagerungskur gemacht hatte und meine Kreislaufstörungen davon kämen.

Nachher war das dann so: Als meine Kinder in den Kindergarten gingen, hatte ich meine Saufkumpane. Mit denen trank ich zuerst Magenbitter. Ich stellte fest, daß der erste rauskam, so wie er war, eiskalt noch, und der zweite halb drinblieb. Dann bin ich auf Bier umgestiegen – Unmengen Bier. Das war so schlimm, daß ich meinte, ich müßte mal eine Kur machen mit dem Lütjen, und ich machte dann eine Mutter-Kind-Kur, aber da war es noch schlimmer. Ich hab' mich in meinem Zimmer eingeschlossen und soff nur noch. Ich hatte ungefähr fünfhundert Mark Taschengeld mit, die waren innerhalb von drei Wochen alle – nur für Rauchen und Saufen. Inzwischen hatte auch mein Mann gemerkt, daß ich Unmengen trank. Er hat mich dann eingeschlossen, was ich mir aber nicht gefallen lassen hab'. Ich hab' die Tür eingetreten. Ich bin immer mehr ausgeflippt. Immer öfter hab' ich Prügel bezogen. Im Krankenhaus hier bin ich bekannt. Irgendwann hab' ich beschlossen, für meine Familie in die Klinik zu gehen. Für meine Familie, nicht für mich. Ich hab' dann in Bremen-Ost eine Therapie gemacht. Zuerst hab' ich nicht mitgemacht – ich wollte nicht und konnte wohl auch nicht, weil ich die Krankheit ja für mich nicht akzeptiert hatte. Trotzdem hab' ich die Therapie zu Ende gemacht. Drei Wochen später hab' ich wieder hinter dem Tresen gestanden. Ich meinte, ich könnte das – und prompt hab' ich wieder gesoffen. Zwar nicht massiv – ich hab' so ein Vierteljahr durchgehalten, mal zwei bis drei kleine Alster zu trinken, weil ich dachte, da passiert ja nichts. Und dann wurde es mehr. Erst hab' ich nur abends getrunken, dann mittags und dann auch schon morgens in aller Frühe. Dann wurde alles abgeschlossen. Ich stand beim Sprit und kam nicht ran, ich stand unter Kontrolle. Dann hab' ich getan, was ich für richtig hielt: Ich bin einfach ausgezogen – zu meiner Mutter – und hab' da meinen Tiefpunkt erreichen können. Ich hab' so viel gesoffen und so viel Tabletten genommen, daß ich nicht mehr konnte. Erst da war ich bereit, meinen Weg zu gehen. Ich bin wieder in die Klinik gegangen, und seit dem Tag bin ich toi toi toi trocken. Aber wie gesagt: hoch, tief, depressiv. Momentan ist es besonders schlimm. Wenn ich darüber nachdenke, was ich alles angestellt hab', den Kindern gegenüber, dann kommt mir echt das Heulen. Es hat eine ganze Weile gedauert, bis mir meine Kinder wieder vertraut haben. Ein bißchen vertrauen sie mir inzwischen wieder. Es ist aber heute noch so, daß der Kleine, wenn ich mich nicht bemerkbar mache, ruft. Und wenn ich nicht antworte, dann guckt er, ob ich noch da bin. Die Angst steckt noch drin.

Meine Tochter hab' ich gehaßt. Sie hat mich auch gehaßt. Wir haben uns gegenseitig erpreßt. Sie hat für mich den Alkohol besorgt, ich hab' ihr dafür Geld gegeben. Ich hab' zu ihr gesagt: »Wenn du mir keinen Alkohol holst, erwürge ich dich.« Und sie hat gesagt: »Wenn du mir kein Geld gibst, dann sage ich Papa, wo das Bier versteckt ist.« So ist der Haß entstanden, und der kann von heute auf morgen nicht einfach weg sein. Gerade in der letzten Zeit ist es so, daß ich sie auch mal in den Arm nehmen kann, daß ich es mal ertragen kann, daß sie mich anfaßt. Nicht lange und bloß nicht zuviel. Da kommt sofort Abwehr bei mir. Aber es geht. Langsam fängt es wieder an.

Ich hab' gemeint, ich müßte sie ab sofort wieder lieben können, aber ich konnte es nicht und sie auch nicht.

Den Kleinen ja, der ist jetzt in heilpädagogischer Behandlung. Ich will damit nur sagen: wenn ich mich jahrelang nicht um meine Kinder gekümmert hab', kann ich nicht erwarten, daß die mir gleich wieder um den Hals fallen. Wenn ich weiß, daß ich den Lütjen in der Scheiße hab' liegengelassen bis zum geht nicht mehr, so daß der richtige offene, blutige Stellen hatte, dann kommt mir zeitweise alles hoch. Ich kann mir nicht vorstellen, daß ich so gewesen sein kann.

Dann hab' ich an mir festgestellt: Ich will mehr sein, als ich bin. Ich kann mich nicht so annehmen, wie ich bin mit meinen Fehlern und Schwächen und meinen Schwierigkeiten. Deswegen bekomme ich auch dauernd diese depressiven Phasen. Ich will tolle Sachen vollbringen. Meistens, wenn wir Auto fahren, stelle ich mir vor, daß ich eine große Sängerin bin und all so einen Quatsch. Ich will mehr sein. Wenn ich mir überlege, wie schrecklich die Zeit war, in der ich gesoffen hab', und wenn ich vergleiche, wie es jetzt ist, müßte es mir eigentlich gut gehen. Und zeitweise hab' ich auch mal gute Phasen. Aber meistens bin ich unzufrieden, weil ich mehr sein will als ich bin. Danke.

Ich heiße Uwe und bin Alkoholiker.

Zu Silke. Wenn uns die Vergangenheit einholt – und das kennen wir alle hier –, dann ist das nicht das Schönste. Denn genau die haben wir ja jahrelang versteckt. Mich hat sie auch irgendwann eingeholt. Zum Teil schon während der Saufzeit, aber ganz massiv, als ich trockengeworden bin. Ich mochte mich auch nicht leiden, wie ich war als Alkoholiker. Und auch als ich schon trocken war, lief ich mit einem ganzen Haufen Scheiße im Rucksack rum. Nur: Das habe ich ja mal ausgefressen, das habe ich ja mal gemacht. Und wenn ich mich morgens im Spiegel betrachtet hab', hab' ich gedacht: »Was bist du doch für ein mieses Stück. Du hast andere Leute angeschissen, hast gelogen, gestohlen, betrogen und wer weiß was noch alles, und da hab' ich mich auch in eine Traumwelt reingeflüchtet, genau wie du – von wegen große Sängerin und so. Ich wäre mit Sicherheit nicht weitergekommen mit solchen Träumen. Ich mußte mich knallhart mit meiner Vergangenheit auseinandersetzen. Ich mußte akzeptieren, daß ich so bin. Das ist die Inventur, die ich machen mußte. Und dann kann ich auch sagen, ich bin Alkoholiker – ohne gleich mit einem Schild herumzulaufen, auf dem das steht. Das Verdrängen bringt nur Probleme. Ich hab' mal eineinhalb Jahre verdrängt, daß ich Alkoholiker bin und die AA gleich mit.

Die Inventur ist für mich das Wichtigste gewesen. Meinen ganzen Mist zu akzeptieren, den ich gemacht hab'. Wenn mich heute jemand anspricht – das passiert oft auf der Arbeit –, überhaupt dann, wenn die Kollegen ein paar getrunken haben und olle Kamellen aufwärmen und von früher reden: »Weißt du noch, damals, als du da und da gelegen hast«, dann sag' ich: »Ja, zum Teil weiß ich das noch und zum Teil nicht. Aber wenn ihr das sagt, muß es wohl stimmen.« Früher hab' ich mich immer rausgeredet: »Weiß ich nichts von« und so. Ich wollte es einfach nicht wahrhaben. Schlimmer fand ich, daß mich wildfremde Leute auf der Straße angesprochen haben und mir erzählten, daß ich bei ihnen die Betten vollgekotzt hätte. Ich hab' gedacht, die spinnen. So was hab' ich doch nicht gemacht. Und doch war es so.

Nach dieser Inventur, da konnte ich morgens in den Spiegel gucken und sagen: »So, jetzt magst du dich wieder leiden, so wie du bist, Uwe, auch mit dem ganzen Scheiß.« Weil ich akzeptiert hab', daß ich Alkoholiker bin. Das gehört zu meiner Vergangenheit. Für mich ist diese Vergangenheit wichtig. Aber deswegen darf ich nicht stehenbleiben und immer nur zurückgucken. Silke, du hast ein Riesenprogramm. Fang doch endlich mal bei dir damit an. Kümmere dich in erster Linie mal um dich. Inventur tut weh, und wenn du sie gründlich machst, tut sie mächtig weh. Aber mir hat sie geholfen. Danke.

Mein Name ist Harry, ich bin Alkoholiker.

Ich habe in AA gelernt, daß man mit Problemen fertig werden muß und das auch kann. Ich war fast sechs Monate in den USA. Seit einiger Zeit bin ich wieder hier und hab' angefangen zu saufen. Den Grund kann ich nicht sagen – oder – wenn ich ehrlich bin: ich wollte. Ich fühle mich unheimlich beschissen, hin- und hergerissen. Ich wußte nicht, ob ich zum meeting gehen sollte oder nicht. Vor ein paar Tagen rief ich jemand an und hab' total besoffen am Telefon gesagt: »Was soll ich bloß machen?« Ich kenne viele, viele 24 Stunden die AA, und trotzdem hab' ich am Telefon gesagt: »Was soll ich machen?« Und den ganzen Tag heute hab' ich überlegt, gehst du zum meeting oder nicht. Und wohin? Ich bin zu feige gewesen, in meine alte Gruppe zu gehen, wo ich schon sehr lange bin. Ich hab' mich entschlossen, in ein meeting zu gehen, wo mich nicht alle kennen. Ich wollte mich verstecken.
Ich wollte auch erst gar nichts sagen, aber dann hab' ich gedacht: »Du mußt reden, es ist besser, du läufst nicht wieder so raus.« Aber das tut weh, wahnsinnig weh. Vor allem, wenn man, so wie ich, die AA schon einige Jahre kennt und wenn man weiß, wo's langgeht. Ich hab' die ganze Literatur gelesen und bin trotzdem wieder umgefallen. Das ist ein unheimlich beschissenes Gefühl: Mensch, jetzt ist alles zum Teufel, was hab' ich bloß angestellt!
Als ich die AA kennenlernte, hab' ich jeden Tag meetings besucht, wochen- und monatelang, bis ich wieder eingegliedert wurde in die Gesellschaft, wenigstens so einigermaßen. Ich konnte jedenfalls wieder überall hingehen. Ich hatte fünfmal den Führerschein verloren, und jetzt habe ich ihn wieder in der Tasche. Kein Krankenhaus nahm mich mehr auf. Ich hab' das alles durchgemacht, und trotzdem ist es wieder passiert. Neben mir rechts und links sitzen Leute, die sind trocken, und ich bin es nicht mehr, das ist schrecklich. Der Weg hierher war schwer, aber es gibt keinen anderen Weg. Selbst wenn ich einem Arzt eine Million schenken würde, der könnte mich nicht heilen. Ich weiß, daß nur ich selbst was tun kann, das wissen wir ja alle. Der einzige Weg sind die Gruppenbesuche.
Damit hab' ich schon in den letzten Monaten zu schluren angefangen. Ich bin nicht mehr regelmäßig in meine Stammgruppe gegangen. Irgendwie hab' ich gedacht: »Du hast ja alles. Du hast wieder ein Haus, du hast eine Frau und Kinder, es ist ja wieder alles in Ordnung. 20 Jahre hast du alles nur kaputtge-

macht, und jetzt geht es wieder aufwärts.« Meine Frau sagte heute abend zu mir, als ich losging: »Über die Brücke geh' ich nicht mehr rüber. Du hast mich schon zu oft belogen.« Das war sehr hart für mich.
Innerlich bin ich jetzt etwas ruhiger geworden, weil ich hier bin. Ich glaube, ich hätte wohl die Nacht nicht geschlafen, wenn ich nicht gegangen wäre und gesagt hätte: »Hier bin ich, und so ist es gewesen.« Danke.

Mein Name ist Erika, ich bin alkohol- und tablettensüchtig.

Harry, du hast mir mit deiner Aussage sehr viel gegeben. Durch dich habe ich wieder feststellen müssen, daß ich auch dann ins meeting gehen muß, wenn es mir gut geht. Und mir geht es oft gut, und das auch schon lange. Und bei mir kommt auch manchmal so ein Gefühl: Warum gehe ich denn da noch hin. Ich weiß doch schon alles. Trotzdem bin ich bisher immer wieder gegangen. Gott sei Dank.
Durch dich ist mir klargeworden, daß ich weiter hierherkommen muß, wenn ich nicht Gefahr laufen will, wieder trinken zu müssen. Ich finde es gut, daß du gekommen bist. Einen anderen Weg als die Gruppen gibt es nicht. Danke.

Ich heiße Manfred,
bin Alkoholiker und medikamentenabhängig.

Ich bin ganz unruhig. Ich mußte kapitulieren und anerkennen, daß die Macht Alkohol stärker ist als ich. Ich habe auch mal den Alkohol zur Freude getrunken, und irgendwann hat er mich dann in der Hand gehabt, und ich kam nicht mehr davon los. Ich bin dagegen angelaufen, jahrelang. Mal hab' ich drei Wochen, manchmal auch länger nichts getrunken. Dann habe ich mich wieder belohnt und bin wieder reingerasselt. Trotzdem fühlte ich mich nicht als Alkoholiker. Alkoholiker sitzen am Bahnhof, haben keine Arbeit und trinken Wermut, das waren so meine Vorstellungen. Daß ich einer sein könnte, hab' ich nicht für möglich gehalten.
Und mit einem Mal hing ich auch mit Medikamenten ganz schön drin. Mit Valium und Distraneurin. Und warum war das so? Weil ich nicht ehrlich meiner Umwelt gegenüber war. Ich hab' gelogen, alles an die Seite geschoben, vieles verdrängt, und mein Kartenhaus brach zusammen. Das mußte so kommen. Und das

ist gut so. Inzwischen weiß ich, daß der Alkohol stärker ist als ich und daß ich mein Leben nicht mehr meistern konnte. Fast wäre ich in die Kiste gesprungen. Mein Blutdruck war weit über 260, meine Leber war im Eimer, meine Nieren waren kaputt, alles tat mir weh. Da bin ich dann um mein Leben gelaufen. Ich bin jeden Abend ins meeting gegangen, weil ich auf einmal erkannte, daß ich Alkoholiker bin. Das war für mich das Entscheidende, und da kam dann auch die Wende in meinem Leben. Ich bin dankbar, daß ich heute hier sitzen kann und trocken bin. Ich hatte heute in der Firma ein Erlebnis, das mir viel gegeben hat. In einer Betriebsversammlung war das Hauptthema Alkohol. In meiner Firma wird nicht getrunken, da wird gesoffen. Und ich hab' schon viel Theater mit Kollegen deswegen gehabt. Nur, ich hab' in der Klinik gelernt, nein zu sagen. Dem einen wär' bald die Flasche aus der Hand gefallen, so hab' ich dem Bescheid gesagt. Erstens, hab' ich gesagt, ist hier Alkoholverbot und zweitens, ich trinke keinen Alkohol. Ich bin Abstinenzler. Ich hab' dem nicht gesagt, daß ich Alkoholiker bin. Und Einstand hab' ich auch gefeiert. Ich hab' Koteletts ausgegeben. Von meinem Geld säuft keiner. In meiner Wohnung ist kein Alkohol, und da sind auch keine Medikamente, und wem das nicht paßt, der braucht nicht zu kommen. Ich finde das Leben heute klasse. Ich kann heute auch – was ich früher nicht konnte – beten, und ich kann demütig sein und zugeben, wenn ich mal Mist gebaut habe. Danke.

Silke:
Ich hab' die Schwierigkeit, daß ich Dinge, die ich eigentlich gerne sagen will, erstmal umkreise und dann doch nicht ausspreche. Ich habe eine Woche Zeit gehabt, darüber nachzudenken, was mir beim letzten Treffen gesagt wurde. Ich hab' inzwischen eingesehen, daß jeder seine eigene Meinung haben darf und haben kann und jeder so trocken werden soll, wie er es für richtig hält.
Ich kann mich immer noch nicht so zeigen, wie ich bin. Warum gelingt es mir eigentlich nicht zu sagen: »Mensch, Fred, es hat mir wehgetan, daß du mir den Kopf gewaschen hast.« Ich weiß, das war gut so. Ich wäre sonst weiter quergelaufen, wenn mir nicht jemand gesagt hätte: »Du redest in letzter Zeit dummes Zeug.« Wahrscheinlich hätte ich weiter geglaubt, daß alles richtig ist, was ich mache. Aber die Wahrheit hat mir wehgetan.
Ich bin in eine Partnerschaft reingegangen, ohne meinen Mann überhaupt zu kennen. Wir sind jetzt elf Jahre verheiratet, und das

ist immer noch nicht viel anders. Aber darüber konnte ich nie reden. Zwar hab' ich mal von Schwierigkeiten gesprochen, aber nie über meine wirklichen Gefühle. Es ist oft so gewesen, daß ich gedacht hab': »Heute mußt du mit ihm ins Bett. Du mußt, also reiß dich zusammen, sonst ist er stocksauer. Und wenn du das zweimal die Woche machst, dann ist er auch gut zu dir.« Darüber konnte ich nie reden.
Ich schäme mich heute nicht mehr zu sagen, daß ich alkoholkrank bin. Daß ich trocken bin und es auch bleiben kann, ist nicht allein mein Verdienst. Denn wenn ich hier allein sitzen würde, würde ich ja niemand reden hören. Nur dadurch, daß ihr alle von euch erzählt und wie ihr es geschafft habt, hab' ich durchgehalten. Danke.

Fred:
Silke, mit dem zwischen die Hörner hauen. Ich weiß aus eigener Erfahrung, daß, lange bevor ich das erste Glas trinken würde, sich bei mir im Kopf irgendwas abspielt und daß das ganze Getriebe irgendwo rückwärts läuft. Ich hab' das hier schon einmal gesagt: Wenn ich anfange, dummes Zeug zu reden, tut mir den einen Gefallen und haut mir was zwischen die Hörner, damit ich noch rechtzeitig den richtigen Dreh finde. Und genauso, wie ich das von der Gruppe erwarte, bin ich auch nicht gewillt zu schlucken, wenn jemand Blödsinn erzählt. Ich meine, ich bin verpflichtet, dann was zu sagen. Das mag zwar für den Betroffenen bösartig klingen, aber es ist heilsam. Mit mir ist man, als ich endlich trocken wurde, auch nicht sehr fein umgesprungen. Da hat vieles wehgetan, aber im nachhinein hab' ich mich bei den Leuten bedankt. Ich hab' gemerkt, wie gut das für mich war.
Harry, zu dir. Du sprichst mir so richtig aus der Seele. Ich kam zu AA, das war 1967. Da gab es in Bremen erst eine Gruppe – da machte ich damals meine ersten Trockenübungen. Ich mußte aber noch sieben Jahre saufen, bevor ich dann endlich trocken wurde. Mir gelangen immer mal trockene Phasen. Die längste hat sogar mal ein Vierteljahr gedauert. Ich hab' so enorm viel falsch gemacht, Harry, das kann ich heute in der Rückblende sehen. Zum einen war mein Trockenwerden immer irgendwie zweckgebunden. Ich wollte nicht sozial absteigen. Ich wollte mal wieder meine Familie retten, oder ich wollte meine Umgebung beruhigen, die sich über mich aufregte. Als ich irgendwie einsehen mußte, daß mein ganzes Leben sinnlos war, daß alles keinen Zweck mehr hatte, da war es schon fünf nach zwölf. Als ich dann

wieder zur AA kam, da hab' ich mir dann allerdings auch die Scham abgeschminkt, nicht in meine Stammgruppe zu gehen, in der ich immer so große Bogen gespuckt hatte. Ich bin hingegangen, so kaputt wie ich war, so mit dem Gefühl: Macht mit mir, was ihr wollt, ich will bloß nicht mehr saufen. Mir ist inzwischen aufgegangen, was ich in den Jahren alles falsch gemacht habe. Ich meinte immer, das ganze AA-Programm müßte ich doch irgendwo mit dem Verstand in den Griff kriegen. Ich hab' auch Literatur von vorne bis hinten gelesen, alles, was ich über Alkoholismus in die Finger kriegte, und ich konnte einfach nicht begreifen, warum ich einen Umfaller nach dem anderen baute. Vertane Zeit, das hab' ich mir aber auch gesagt, kann die trockene Phase in AA nicht gewesen sein, irgendwas ist hängengeblieben. Erst als ich mit dem Herzen bereit war, mich da reinfallen zu lassen, fiel es mir leichter zu begreifen, wie simpel und einfach dieses Programm eigentlich ist. Und zu spät ist es nie. Ich hab' mich immer für einen hoffnungslosen Fall gehalten, zu spät war es aber auch für mich nicht. Hoffnungslose Fälle, Harry, die gibt es einfach nicht. Ich finde es prima, daß du hier bist und so offen gesprochen hast. Danke.

Ich heiße Peter und bin Alkoholiker.

Viele von euch kennen mich ja noch. Ich bin ungefähr ein dreiviertel Jahr nicht mehr hiergewesen. Im ersten Vierteljahr nach Jahresschluß, da hab' ich wieder Mist gebaut, hab' kräftig gesoffen, und das hatte zur Folge, daß ich meine Kündigung bekam in der Firma. Ich bin dann für sechs Monate nach Fredeburg gekommen. Was mich während meiner Kur dort sehr beeindruckt hat, war die Tatsache, daß viele Ärzte und Therapeuten selbst abhängig sind. Zwei sind in der Zeit, in der ich da war, rückfällig geworden. Und wie schnell das gehen kann, ist mir durch einen Vortrag klargeworden. Da war die Rede von einem Anonymen Alkoholiker, der 16 Jahre lang trocken war. Der war sicher gewesen, er könnte nach einer so langen Zeit wieder kontrolliert trinken. Innerhalb von drei Tagen war der wieder da, wo er vor 16 Jahren aufgehört hat. Damit ist also wieder einmal bewiesen, daß das erste Glas schon zuviel ist und wie teuflisch der Scheißalkohol für uns alle ist. Danke.

Silke:
In diesem Moment habe ich das Gefühl, daß ich ganz genau weiß,

wo ich wieder ansetzen kann. Aus dem einfachen Grund, weil Fred mir die Wahrheit gesagt hat. Darüber bin ich sehr froh. Ich danke dir dafür, Fred.

Das Treffen dauerte zwei Stunden. Zum Abschluß sprachen die Teilnehmer den Gelassenheitsspruch:

> Gott gebe mir die Gelassenheit,
> Dinge hinzunehmen,
> die ich nicht ändern kann,
> den Mut, Dinge zu ändern,
> die ich ändern kann,
> und die Weisheit,
> das eine vom anderen
> zu unterscheiden.
>
> *(Christof Friedrich Oetinger, 1702–1782)*

Gespräch mit Erika nach dem meeting

Frage: Kann es sein, daß durch die Gruppen eine neue Abhängigkeit entsteht?

Erika: Nur anfangs. Da war ich so abhängig von den Gruppen, daß ich nur noch ganz isoliert gelebt hab', nur noch mit meinen Freunden aus der Gruppe telefonierte, nur noch tat, was die sagten. Ich hab' meine Freizeit mit denen verbracht, hab' sie sonntags zum Kaffee besucht, oder die besuchten uns. Ich hab' damals selbst gesagt: »Früher war ich vom Alkohol abhängig, jetzt bin ich von den Gruppen abhängig.« Nur geschadet hat mir das nichts. In den Gruppen wurde mir dann auch gesagt: »So geht es nicht. Du mußt auch mit der Umwelt leben.«
Heute steht zwar die Gruppe noch immer im Vordergrund, aber ich habe den Kontakt mit Menschen, die nichts mit dem Alkoholproblem zu tun haben, wieder aufgenommen.
Ich spreche jetzt mit Müttern, die auf dem Spielplatz sind, wenn ich mit Stefan spielen gehe, mit Nachbarn oder Leuten, die ich beim Kaufmann treffe. Das alles hab' ich anfangs vermieden.

Frage: Warum, glaubst du, war das so?

Erika: Das hat wohl was mit der Sicherheit und Geborgenheit zu tun, die einem die Gruppe gibt. Da wußte ich, ich wurde so angenommen, wie ich war. Ich hatte Angst vor Ablehnung. Denn es ist ja keineswegs selbstverständlich, daß ein Alkoholiker in unserer Gesellschaft akzeptiert wird. Jedenfalls dann nicht, wenn er auffällt.

Frage: Du bist jetzt seit sechs Jahren dabei. Wie lange wirst du noch hingehen?

Erika: Ich glaube, solange ich lebe. Es gibt keine andere Möglichkeit, trockenzubleiben. Ich spreche dort natürlich nicht nur über Alkohol. Dort kann ich alles sagen, was mich bedrückt. Ob ich mit der Partnerschaft Schwierigkeiten habe, mit den Kindern, oder ob ich mit mir selbst nicht zurechtkomme, in der Gruppe kann ich darüber reden. Ich finde das toll. Da geht ein Finger hoch und einer sagt: »Du, mir ist es genauso gegangen wie dir.« Sofort fühle ich mich verstanden und nicht mehr allein.
Oder wenn ich höre, was andere für Probleme haben, bin ich oft heilfroh, wenn ich sagen kann: »So schlecht geht es dir ja offensichtlich gar nicht.« Dann sind meine kleinen Wehwehchen, die mich momentan bedrücken, mit einem Mal gar nicht mehr so schlimm. Und, was auch sehr wichtig ist: Wenn ein Neuer kommt oder jemand rückfällig geworden ist, dann wird mir immer vor Augen gehalten, was auch mir wieder passieren könnte. Und das ist eine ganz wichtige Hilfe.

Die Erlebnisse und Empfindungen von Erikas Kindern

Tochter Erika, 20:
»Wir sollten ins Obdachlosenasyl«

Während der Trinkzeit meiner Mutter ist mir eines besonders in Erinnerung geblieben: Wenn ich einkaufen ging, brauchte ich schon gar nicht mehr zu sagen: »Ich möchte dies oder das«, der Kaufmann griff gleich ins Regal und holte eine Flasche Schnaps runter. Auch wenn ich nur ein Eis oder eine Cola kaufen wollte. Das war mir unheimlich peinlich und unangenehm. Man hat mich auch nachts losgeschickt, damit die nicht aus dem Haus brauchten.

Was auch schlimm war: Ich konnte keine Freunde mehr mit nach Hause bringen. Ich wurde mehr oder weniger zum Stubenhokker, weil ich immer das Gefühl hatte, die wissen das, und die gucken dich schief an, und eingeladen wirst du nur aus Mitleid. Da bin ich dann auch nicht mehr weggegangen. Ich fühlte mich total isoliert.

Wenn meine Klassenkameraden mal überraschend kamen und Mutti lief ungewaschen und nicht richtig angezogen durch die Wohnung, hab' ich mich furchtbar geschämt. Wenn es sich um die Mutter handelt, finde ich das noch schlimmer als bei einem Partner. Denn die kannst du nicht einfach durch eine Scheidung in die Ecke stellen.

Ich war oft traurig, daß meine Mutter nie Zeit für mich hatte. Von meinen Klassenkameraden hörte ich, wenn die nach Hause kamen, stand das Essen auf dem Tisch, die Mutter war da, alles war ordentlich in der Wohnung. Die konnten sich gleich hinsetzen und Schularbeiten machen. Ich mußte erstmal den Haushalt auf Vordermann bringen. Dann mußte ich Alkohol ranschaffen oder Tabletten, was eine ziemliche Belastung für mich war.

Die erste Zeit hab' ich ja immer noch gedacht – und meine Mutter hat es ja auch so gesagt –, sie trinkt nur mit, damit mein Vater nicht soviel kriegt. Daß sie selber schon süchtig war, das habe ich anfangs gar nicht gemerkt. Sie ist ja zuerst auch zu den AL-ANON-Gruppen gegangen, praktisch als Angehörige eines Al-

koholikers, nämlich meines Vaters. Auf diese Weise hat sie ihr eigenes Suchtproblem lange Zeit versteckt.
Einerseits habe ich sehr unter der Situation gelitten, andererseits war es für uns Kinder natürlich auch sehr bequem. Wir konnten tun und lassen, was wir wollten. Ich war damals 13.
Die letzten paar Monate war die Hölle bei uns zu Hause. Mein Vater ist mehrfach rückfällig geworden, er hatte auch Entziehungskuren gemacht und immer versprochen: »Ich schaff' das.« Das ging drei bis vier Tage gut, manchmal auch zwei bis drei Wochen, dann fing das wieder von vorne an und wurde meist noch schlimmer. Da hakte dann irgendwas bei ihm aus. Er schlug die Wohnung zusammen, und meine Mutter kriegte Prügel. Es war nachher schon so, daß wir uns angezogen ins Bett gelegt haben, weil wir nie wußten, ob wir diese Nacht schlafen konnten oder ob wir wieder rausmußten. Wir haben mal vier Nächte auf einer Polizeiwache verbracht, weil wir nicht mehr in die Wohnung konnten. Er hatte Haarnadeln ins Türschloß gesteckt, damit wir mit dem Schlüssel nicht reinkonnten. Zur Schule konnten wir nicht mehr. Wir waren auf Nachbarn angewiesen, um überhaupt etwas zu essen zu bekommen oder uns wenigstens mal waschen zu können. Wenn wir diese Unterstützung nicht gehabt hätten, ich weiß nicht, wo wir gelandet wären. Wir sollten ins Obdachlosenasyl, weil es keine Möglichkeit gab, Leute, die von Zuhause wegmußten, irgendwo unterzubringen. Und meinen Vater haben sie nicht aus der Wohnung rausgeholt, weil sie erst was unternehmen, wenn was passiert ist. Es reichte anscheinend noch nicht, daß wir rausgeflogen waren und um unser Leben bangen mußten.

»Ich hab' meine Mutter im Delir gefunden«

Wir hatten mit einer Jugendgruppe eine Fahrt nach Helgoland gemacht. Als ich abends nach Hause kam, lag sie im Wohnzimmer auf der Couch. Sie schlotterte am ganzen Körper, hat fürchterlich gefroren, obwohl es draußen warm war. Sie hat große Köpfe gesehen und Angstzustände gehabt und hat schrecklich gezittert. Sämtliche Decken, die in der Wohnung waren, hab' ich ihr gebracht. Als ich nicht mehr weiterwußte, hab' ich Hilfe geholt. Ich wußte ja gar nicht, was los war. Ich hatte richtiggehend Angst, die stirbt mir unter den Fingern weg. Von einem Delir hatte ich noch nie was gehört oder es gar selbst

erlebt, deshalb wußte ich nicht, daß ihr Zustand was mit Alkohol zu tun hatte.
Ich hab' sie dann mit Hilfe von AA-Freunden in die Klinik gebracht. Anfangs hatte ich das Gefühl, zwischen zwei Stühlen zu sitzen. In der Klinik bombardierte mich meine Mutter mit Fragen nach Zuhause, und zu Hause wollte mein Vater wissen, was in der Klinik los war. Meine Mutter konnte nicht verstehen, daß es zu Hause ohne sie ging. Mein Vater hat zwar weitergetrunken, aber mir hat er nie was getan. Mir gegenüber war er ruhig. Er hatte zwar vorher sämtliche Möbel kaputtgeschlagen und rumrandaliert, aber das lag wahrscheinlich auch an Mutti. Denn wenn die unter Tabletten stand, war sie auch ziemlich angriffslustig und hat ihn gereizt bis zum Gehtnichtmehr. Mutti stand eben selbst in dem Problem und reagierte genauso aggressiv.

»Die Angehörigen werden mit krank, vertuschen und lügen«

Ich meinte immer, ich müßte den Zustand vor Nachbarn und Freunden verstecken. Obwohl die das alle wußten. Die Nachbarn schon alleine dadurch, daß dauernd die Polizei kam, weil bei uns Rabatz in der Wohnung war. Die wußten das alle. Trotzdem wollte ich es vertuschen, aus Angst, schief angeguckt zu werden. Es sollte nicht heißen: »Die kommt aus einer asozialen Familie.« Sich zu offenbaren – und sei es anonym –, ist eine große Überwindung. Denn das ist ja ein Nach-außen-Tragen: Bei uns in der Familie ist etwas nicht in Ordnung. Bis man diesen Schritt tut, muß schon allerhand passiert sein. Wir haben uns furchtbar geschämt.
Anfangs hab' ich gedacht, ich könnte meinen Eltern helfen, indem ich ihnen die Flasche wegnehme. Wenn mein Vater oder meine Mutter gerade mal wegguckte, hab' ich den Scheiß weggekippt. Die haben das gar nicht mehr mitgekriegt. Die haben sich nur gewundert, daß die Flasche mit einem Mal leer war. Das ist weggeworfenes Geld, denn die holen sich doch wieder neuen Stoff. Anfangs hab' ich völlig hilflos vor diesem Problem gestanden.

»Nach der Klinik hat es erhebliche Konflikte gegeben«

Während der fünf Monate, in denen meine Mutter in der Klinik war, hab' ich ja den Haushalt ganz allein geführt, und auch vorher mußte ich eigentlich schon alles machen, weil Mutti gar nicht in der Lage dazu war.
Auch meine Geschwister hab' ich mehr oder minder erzogen. Beate war damals sechs, die kam mit ihren ganzen Problemen zu mir. Ich hab' praktisch Mutterstelle an ihr vertreten. Schlimm fand ich, als Mutti wiederkam, daß ich da wieder so als Kind angesehen wurde. Ich fühlte mich überhaupt nicht mehr als Kind. Schließlich hatte ich ja monatelang den Haushalt geführt, war für alles verantwortlich und wurde ja auch für alles zur Rechenschaft gezogen, wenn was verkehrt ging. Und auf einmal war wieder jemand da, der mir alles aus der Hand nahm, der sagte: »Halt, ich hab' auch noch ein Wort mitzureden.« Es hat erhebliche Konflikte gegeben zwischen Mutti und mir. Da bin ich dann ausgebrochen. Ich hab' eine Phase gehabt, in der ich keinen Abend zu Hause war. Von meiner Mutter hab' ich mir überhaupt nichts mehr sagen lassen. Ich hab' gedacht: »Du kannst ruhig sabbeln, ich mach' doch was ich will.«
Ich hab' dann auch in der Schule sehr nachgelassen, was für alle eigentlich unverständlich war. Mir selbst ist das gar nicht aufgefallen. Aber ein Lehrer von mir hat zum Beispiel gesagt, in der Zeit, in der ich den Haushalt geführt hab', meine Geschwister und meinen Vater versorgt hab', wär' ich besser mit allem fertig geworden als später, wo ich viel weniger um die Ohren hatte. Es hat auch eine ganze Zeit gedauert, bis wir das in den Griff gekriegt haben.

»Lange Zeit war ich noch mißtrauisch«

Als meine Mutter die Klinikzeit hinter sich hatte, konnte ich mir einfach nicht vorstellen, daß sie überhaupt keine Tabletten mehr nimmt oder überhaupt keinen Alkohol mehr trinkt.
So etwa zwei Jahre noch hab' ich richtiggehend gesucht, ob nicht doch irgendwo was versteckt ist. Jahrelang hatte ich ja erlebt, daß sie ohne Tabletten und Alkohol nicht auskam, und daß das auf einmal vorbei sein sollte, war unfaßbar für mich.
In gewisser Weise belastet mich die damalige Situation auch heute noch. Denn all die schrecklichen Vorfälle sind so einfach

nicht aus der Luft zu wischen. Ich hatte ja auch einen ziemlichen seelischen Knacks. Aber jetzt fühle ich mich zu Hause sehr wohl. Es ist ja jetzt auch so wie bei normalen Bürgern. Ich kann wieder Freunde mitbringen, ich kann mich zum Beispiel mit meiner Mutter wieder unterhalten, kann mit Problemen und Sorgen zu ihr kommen. Sie hat jetzt immer Zeit für mich. Es gibt einen geregelten Tagesablauf bei uns und sei es nur, daß das Mittagessen rechtzeitig auf dem Tisch steht. Ausziehen werde ich wohl so schnell noch nicht. Ich hole jetzt eine Art von Geborgenheit nach, die ich früher vermißt habe. Ich bin überzeugt davon: Wenn es heute noch so wäre wie damals, wäre ich schon längst nicht mehr zu Hause.

Gespräch mit Tochter Andrea, 18, und ihrer Mutter

Frage: Als deine Mutter aus der Klinik kam, hast du es abgelehnt, nach Hause zu kommen. Du wolltest lieber im Heim bleiben. Warum?

Andrea: Weil ich nicht geglaubt habe, daß meine Mutter das schaffen würde. Ich hab' sie anfangs zweimal in der Klinik besucht, und da hab' ich nie geglaubt, daß sie vom Akohol loskommen würde. Ich hab' das ja bei meinem Vati mitgemacht. Der war ja sogar zweimal zur Entziehungskur. Und ich konnte mir einfach nicht vorstellen, daß das bei meiner Mutter anders sein sollte. Außerdem gefiel mir das im Heim ganz gut.

Frage: Wie bist du denn erzogen worden? Von deiner Mutter weiß ich, daß sie das Gefühl hat, sie habe dich gar nicht erzogen.

Andrea: Gar nicht? Nein, ganz normal, glaube ich. Jedenfalls empfand ich das so. Ich kannte ja nichts anderes. Ich weiß nur, daß ich es nach der Klinikzeit meiner Mutter viel schlimmer zu Hause fand.

Erika: Ich hatte mit Andrea soviel Erziehungsschwierigkeiten, daß wir zur Erziehungsberatungsstelle gehen mußten. Als ich dort erzählen sollte, wie Andrea aufgewachsen ist – ihre gesamte

Andrea, zweitälteste Tochter aus Erikas erster Ehe,
und Fritz mit seinem Sohn Stefan.

Entwicklung –, wann sie trocken geworden ist, wann sie anfing zu sprechen, wann zu laufen, das konnte ich bei Andrea eigenartigerweise nicht sagen, während ich bei Erika und Beate das genau erzählen konnte. Andrea war ein sehr ruhiges Kind von Geburt an. Die konnte ich in eine Ecke setzen, die spielte alleine, und sie ist die ganze Zeit, in der ich getrunken habe, nie aufgefallen. Sie ist wohl viel weggegangen, aber Schwierigkeiten hat sie nie gemacht. Ich wußte von Andrea nur zu erzählen, daß sie auch von meinem Mann immer etwas zurückgestoßen wurde. Mein Mann sagte immer zu ihr: »Du siehst genauso aus wie ich, du bist auch so wie ich.« Hinterher hab' ich mir große Vorwürfe gemacht. Offensichtlich habe ich mich um Andrea nicht so gekümmert wie um Beate und Erika. Ich hab' mit Andrea nie richtig Schularbeiten gemacht. Ich hab' sie einfach so laufenlassen, sie verlangte auch nichts. Das kam dann mit Macht, als ich trocken wurde. Sie wollte ja nicht zu Hause bleiben. Ich hab' dann gesagt: »Wir wollen mal sehen, wer stärker ist. Schließlich hab' ich ja das Recht, du bist mein Kind.« Und da hat sie dann Schwierigkeiten gemacht. Vielleicht hab' ich das besonders deshalb so stark empfunden, weil Andrea vorher ja nie Schwierigkeiten gemacht hatte.

Frage: Wie siehst du das denn, Andrea?

Andrea: Genau erinnern kann ich mich daran nicht. Wenn wir

darüber reden, fällt mir ab und zu mal ein Erlebnis ein, aber im großen und ganzen hab' ich nicht viel mitgekriegt. Ich war immer unterwegs. Heute ist bei uns alles anders.

Frage: Hast du das Mißtrauen deiner Mutter gegenüber verloren?

Andrea: Ich glaube schon, aber so genau weiß ich das auch nicht. Jedenfalls zeige ich es nicht.

Frage: Erika, du hast mir mal erzählt, daß du vor Andrea Angst hattest.

Erika: Ja, das hatten die in der Erziehungsberatungsstelle herausgefunden. Andrea hat mich immer erpreßt: »Wenn du dies nicht tust oder das, wenn du mir kein Geld gibst oder wenn du mir das nicht erlaubst, dann gehe ich weg und komme nicht wieder.« Sie wußte um diese Angst und hat mich damit erpreßt. Durch die Erziehungsberatung habe ich gelernt, die Angst vor Andrea zu verlieren. Dort wurde mir gesagt: »Wenn sie wegläuft, müssen Sie sie weglaufen lassen. Sie wird schon wieder eingefangen. Und wenn sie um zehn abends noch nicht zu Hause ist, dann müssen Sie eben die Polizei verständigen.« Das hab' ich dann alles ausprobiert. Andrea hat gespürt, daß ich mir von ihr nicht mehr alles gefallen lasse. Andrea hat wohl auch als einzige immer sehr viel Geld von mir bekommen, während ich trank. Sie hat wohl gedacht, das geht so weiter, wenn ich aus der Klinik komme. Statt Zuwendung hatte ich ihr immer Geld gegeben.

Frage: Hat sich bei dir in bezug auf Stefan etwas verändert?

Erika: Ja, bei Stefan ist alles ganz anders. Erst einmal bin ich schon fast 40. Ich erlebe dieses Kind sehr viel bewußter. Als ich Erika bekam, war ich 19, als Andrea kam, 22, und als Beate kam, 24. Damals hab' ich mir über Kindererziehung keine Gedanken gemacht. Die Kinder waren da, ich hatte sie gern – ich wollte immer Kinder haben –, aber da hat sich nicht alles um die Kinder gedreht. Ich wollte selber noch was erleben. Manchmal waren mir die Kinder auch lästig. Um Punkt sechs mußten die ins Bett und ruhig sein. Ich brauchte Zeit für mich selber. Und wenn irgendwas mal nicht so klappte, wie ich es gerne wollte, kriegten die auch den Hintern voll. Ich war sehr ungeduldig mit den Kindern. Das ist bei Stefan alles weg.

Frage: Wie erklärst du dir das?

Erika: Erstmal, weil ich meine, älter und vernünftiger geworden zu sein. Bei uns dreht sich alles um Stefan. Er ist die Hauptperson und der Höhepunkt unserer Trockenheit. Als meine Töchter auf die Welt kamen, hatte ich über Kindererziehung nie etwas gelesen. Das kam alles erst nach der Klinikzeit. Ich hab' mir Bücher gekauft über die ersten Monate und Jahre des Kindes. Das alles wußte ich bei meinen Töchtern nicht. Die sind irgendwie großgeworden, ohne daß ich mir irgendwelche Gedanken darüber gemacht hätte. Heute achte ich genau darauf, wie ich Stefan ernähre. Die Vorsorgeuntersuchungen nehme ich alle wahr. Früher bin ich mit den Kindern nur zum Arzt gegangen, wenn sie krank waren.

Frage: Nach der Klinikzeit wolltest du das alles nachholen.

Erika: Ja, aber das haben sich die Mädchen nicht mehr gefallen lassen. Damals wollte ich anfangen, die Kinder zu erziehen. Es ist mir sehr schwergefallen, Erika, die damals schon 18 war, erwachsen werden zu lassen. Ich wollte gerne noch etwas für sie tun, aber sie hat sich das nicht mehr bieten lassen. Die anderen beiden auch nicht. Die waren nun mal wild aufgewachsen. Nur, ich muß

Früher hat sich Erika um Kindererziehung nie Gedanken gemacht.
Seit Stefan da ist, hat sich vieles geändert.

sagen: So schlecht ist das denen gar nicht bekommen. Inzwischen haben wir ein gutes Verhältnis. Sie kommen pünktlich nach Hause. Sie sagen uns, wo sie hingehen, wann sie wiederkommen, sie treiben sich nicht rum. In der Schule und im Beruf sind sie gut. Ich habe trotz allem noch sehr viel Glück gehabt.

Frage: Wie geht ihr jetzt miteinander um?

Erika: Freundschaftlicher. Ich bin nicht mehr die Autoritätsperson, die sagt: »Ihr habt zu machen, was ich euch sage und was ich will.« Heute können auch die Kinder sagen, was sie wollen. So wie Fritz und ich das von Anfang an in unserer Ehe auch gemacht haben – keiner darf dem anderen seine Meinung aufzwingen –, so verfahre ich jetzt auch mit meinen Mädchen. Damit habe ich sehr gute Erfahrungen gemacht. Ich lasse sie jetzt ausreden, das war früher unmöglich. Ich wußte immer alles besser. Heute unterhalten wir uns auf partnerschaftlicher Basis. Und genauso, wie ich gelernt habe, Kinder sind Partner, genauso haben meine Kinder gelernt, ihre Bedürfnisse zu äußern. Das war ein Prozeß auf Gegenseitigkeit.

Ich heiße Sonja und bin die Frau eines Alkoholikers

»Ich kann mich nur wenig an meine Kindheit erinnern«

Ich bin mit einer vier Jahre älteren Schwester in einer Kleinstadt aufgewachsen. Mein Vater ist 1945 im Krieg geblieben – ich war damals sechs, ihn habe ich also so gut wie gar nicht gekannt. Meine Mutter hat uns fürsorglich erzogen, ich würde aber sagen, ohne Liebe. Ich kann mich nicht erinnern, von meiner Mutter jemals in den Arm genommen worden zu sein oder einen Kuß bekommen zu haben. Ich kann mich überhaupt nur wenig an meine Kindheit erinnern.

Ich weiß nur noch, daß meine Mutter 1948, als feststand, daß mein Vater nicht aus dem Krieg zurückkam, mit einem Witwer, der auch mit meinem Vater befreundet war, zusammengezogen ist. Der führte eine kleine Landwirtschaft, und meine Mutter zog mit mir zu ihm aufs Land. Meine Schwester blieb in der nahegelegenen Kleinstadt, besuchte da die Schule und hat anschließend eine Lehre gemacht. Onkel Siggi – wie wir ihn nannten – hatte eine Tochter im gleichen Alter wie ich, und mit ihr habe ich meine Jugend verbracht, die im großen und ganzen unbeschwert war. Was mich allerdings sehr belastete, war, daß meine Mutter mit diesem Mann nicht verheiratet war und wir in der Schule darauf angesprochen wurden. Wir kriegten die unangenehmsten Fragen gestellt: »Wo schlafen denn die beiden, und was machen die denn?« Aufgeklärt waren wir natürlich nicht, trotzdem war mir das entsetzlich peinlich. Wenn die sich mittags zum Beispiel hinlegten und zusammen im Schlafzimmer verschwanden, wurde die Tür abgeschlossen. Ich weiß noch, daß ich dann immer mit hochrotem Kopf dastand und nicht wußte, was ich davon halten sollte. Ich habe darunter sehr gelitten.

Später zogen wir in die Stadt zurück. Meine Schwester, die inzwischen ihre Lehre beendet hatte, ist sofort von Zuhause weggegangen, weil sie sich mit meiner Mutter nicht verstand. Es gab zwar nie handfesten Krach, aber meine Mutter ist sehr autoritär, will alles besser machen und besser wissen, und das ließ sich meine Schwester nicht mehr gefallen.

»Ich habe als Kind gestottert«

Dieses Stottern wurde ausgelöst durch den Einschlag eines Bomben-Volltreffers in unser Haus. Ich hatte einen großen Glassplitter im Rücken und hab' diesen Krach so unmittelbar miterlebt, daß ich zwei Stunden nichts hören und nichts sagen konnte. Ich hab' nur geschrien. Als der Schock vorüber war, habe ich gestottert.

Das hat mich meine Kindheit über belastet, denn ich wurde in der Schule darauf angesprochen. Ich habe mich furchtbar geschämt zu sprechen. Wir mußten in der Schule oft vorlesen oder Gedichte aufsagen, und ich habe dann, wenn ich ein Wort nicht aussprechen konnte, weil ich merkte, ich würde stottern, so getan, als wüßte ich es nicht. Dieses Stottern ist besser geworden, als ich anfing eitel zu werden, als ich merkte, daß schon mal ein Junge einen Blick nach mir warf, und da habe ich angefangen, mir durch Selbsthilfe dieses Stottern abzugewöhnen. Ich habe abends im Bett Atemübungen gemacht, ich habe laut oder leise vor mich hingesprochen, ständig geübt, ohne fremde Hilfe. Von meiner Mutter hab' ich immer nur zu hören gekriegt: »Sprich langsam!« Wenn sie das vor fremden Leuten sagte, war mir das jedesmal entsetzlich unangenehm. Irgendwann habe ich diese Sprachstörung so gut in den Griff gekriegt, daß ich in den letzten Schuljahren sogar vor dem Mikrophon Gedichte aufsagen konnte. Ich habe dann eine kaufmännische Lehre gemacht als Industriekaufmann, wozu ich eigentlich keine Lust hatte, ich wäre lieber Modezeichnerin geworden, aber meine Mutter meinte, eine Bürotätigkeit sei für mich das Beste. Wie bei so vielen Dingen habe ich mich auch hier meiner Mutter gefügt.

»Ich wollte frei sein von meiner Mutter«

Während der Lehrzeit habe ich meinen Mann kennengelernt, mit dem ich auch jetzt noch verheiratet bin. Ich war damals 15 und sehr aktiv im Sport. Ich hab' Leichtathletik gemacht, Geräteturnen, Bodenturnen, ich hab' Tischtennis gespielt, bin geschwommen, und auf einer dieser Sportveranstaltungen habe ich meinen Mann kennengelernt. Er war – im Gegensatz zu mir – ein sehr weicher Typ. Ich begreife mich selber als hart, es fällt mir zum Beispiel schwer, auf jemand zuzugehen, ihn in den Arm zu nehmen oder anzufassen. Das alles liegt aber meinem Mann und

hat mir unwahrscheinlich gefallen. Ich hab' mich bei ihm geborgen gefühlt. Mein Mann hat in Hamburg seine berufliche Laufbahn begonnen, und ich hab' mir nach Beendigung meiner Lehre auch ein Zimmer in Hamburg genommen. Als ich meine persönlichen Habseligkeiten einräumte, habe ich ein Gefühl der Befreiung gehabt. Ich spürte, ich wollte frei sein von meiner Mutter.
Meine Mutter hat mich früher immer gegängelt. Ständig hat sie mich rumkommandiert: »Tu dies, laß das, wehr dich, gebrauch' deine Ellenbogen« usw. Ich war froh, dieser ewigen Bevormundung entronnen zu sein. Endlich konnte ich tun und lassen, was ich wollte. Das hat mir sehr gut getan.
Ich hab' dann in einem Schiffbaubetrieb gearbeitet, zusammen mit zwölf Ingenieuren, und habe mich eine Zeitlang dort auch wohl gefühlt. Zwischendurch hab' ich mich mit meinem jetzigen Mann getroffen, hatte aber auch andere Freunde und Bekanntschaften. Immer wenn mir an denen etwas nicht paßte oder nicht gefiel, hab' ich mit denen Schluß gemacht und ging wieder zu meinem Mann zurück. Ich brauchte nur einfach anzurufen, und prompt kam er. Dieses Spiel hat er zwei Jahre mitgemacht, dann war er mit seinem Beruf fertig und hat mich gefragt, ob ich ihn heiraten will.

»Mein Mann hat schon getrunken, als wir uns kennenlernten«

Bei Festlichkeiten war mir aufgefallen, daß mein Mann mehr trank als andere, daß er schneller betrunken war als andere, aber ich habe das überhaupt nicht problematisch gesehen, ich habe mir darüber keine Gedanken gemacht.
Ein Vorfall allerdings, noch vor unserer Hochzeit, hat mich sehr getroffen. Als mein Mann das erste Mal bei mir in meinem Zimmer schlief, war er vollkommen betrunken und hat sich übergeben. Das hat mich sehr erschüttert und eigentlich ganz tief beleidigt. Aber wir haben nie darüber gesprochen. Das ist totgeschwiegen worden.
1959 haben wir geheiratet. Im selben Jahr noch wurde unser Sohn Klaus geboren, und wir bekamen 1960 eine Neubauwohnung, über die ich mich besonders gefreut hab'. Ich hatte ein eigenes Badezimmer, ich hatte eine eigene Küche. Aber zum Einrichten kam meine Mutter. Sie hat mit uns die ersten Möbel

gekauft, sie hat uns das Schlafzimmer gekauft. Es war vieles dabei, was mir nicht gefallen hat, ich habe aber nie gewagt, es zu sagen. Ich habe immer nur gehorcht, war die brave Tochter, die getan hat, was die Mutter wollte. Nach zweieinhalbjähriger Ehe wurde unser zweiter Sohn geboren, der Rainer, und ich muß sagen, daß dann die Schwierigkeiten bei uns begannen. Ich war 20 Jahre alt, hatte zwei Kinder, den Haushalt und einen Mann, der zwar sehr lieb und nett war, auch im Haushalt mit anfaßte, aber recht häufig betrunken nach Hause kam. Wir haben nie ernsthaft darüber gesprochen, ich habe nur immer geschimpft, wenn mir das Trinken zuviel wurde. Wenn wir irgendwo eingeladen waren, habe ich ständig moniert, daß mein Mann sich nicht an der Unterhaltung beteiligte. Er saß nur da und lachte mit, war fröhlich, sagte aber nichts. Er trug nichts zur Unterhaltung bei, und ich merkte damals eigentlich zum ersten Mal, daß ich zu meinem Mann nicht so aufschauen konnte, wie ich es eigentlich gerne getan hätte. Ich merkte, daß andere junge Frauen stolz auf ihre Männer waren, daß sie zum Beispiel darüber nachdachten, sich ein Haus zu kaufen, oder daß sie einen Kleingarten hatten oder sich ein Auto anschafften. Pläneschmieden war bei meinem Mann nicht drin.

»Ich hatte sehr viele Wünsche«

Ich träumte gerne und baute Luftschlösser, mein Mann überhaupt nicht. Er äußerte nie, was er gerne wollte oder mochte, er baute auch keine Zukunft. Dieses Vorbeiziehen der Kollegen, wie ich es immer nenne, hat mich jahrelang sehr belastet. Ich sah, daß sie im Beruf weiterkamen, daß sie familiär weiterkamen, und ich merkte, daß das bei meinem Mann nicht so lief. Ich hab' versucht, ihn zu drängen, aber es ist nichts daraus geworden. Er hat dieses Drängen nicht mitgemacht. Heute ist es mir nicht mehr wichtig, ob mein Mann beruflich Erfolg hat, heute ist wichtig, daß wir unseren Familienfrieden haben.
Nach einem weiteren Jahr wurde unser drittes Kind geboren. Das war ganz fürchterlich für mich. Ich war nicht darauf vorbereitet und habe mit meinem Mann damals heftige Auseinandersetzungen deswegen gehabt. Ich habe ihm Vorwürfe gemacht, ich weiß heute, daß das nicht berechtigt war, aber in meiner Not und Hilflosigkeit wußte ich es halt nicht besser. Ich habe versucht, dieses Kind wegzumachen, es ist mir aber nicht gelungen.

Und ich hatte die ganze Schwangerschaft über entsetzliche Angst, daß dem Kind was passiert war. Denn ich hatte ja Medikamente eingenommen und weiß der Kuckuck was noch alles aufgestellt. Gott sei Dank ist es ein gesunder Junge geworden.
Mit dem Größerwerden der Kinder ließ das Interesse meines Mannes an ihnen nach. Er widmete sich jetzt mehr seinem Vergnügen. Wenn ich darüber nachdenke, wie sehr ich ihm damals angekreidet habe, daß er sich nicht um die Belange der Familie kümmerte, daß er sich zum Beispiel nicht darum gekümmert hat, daß wir eine größere Wohnung kriegten, dann muß ich zugeben, daß ich ihn wahrscheinlich dauernd überfordert habe. Ich hab' ständig mit ihm geschimpft, hab' ihn hierhin geschickt und dahin. Und mein Mann ist auch hingegangen, aber halt nur, weil ich ihn gedrängt habe.
Es kam dann immer öfter vor, daß er vom Nachtdienst betrunken nach Hause kam, und ich weiß, daß mich das unwahrscheinlich aufgeregt hat. Ich war mit meinen Nerven damals am Ende, denn ich hatte mich auch übernommen. Ich hatte die drei Kinder, den Haushalt, zwischendurch habe ich gearbeitet, zwar nicht aus finanzieller Not, aber eben weil ich eine größere Wohnung haben wollte, die auch entsprechend schön eingerichtet werden sollte. Meine Ansprüche waren einfach zu groß.

»Ich machte mich mit meiner Schwester selbständig«

Ich war nie richtig zufrieden. Ich war nicht zufrieden, daß mein Mann nur ein kleiner Beamter blieb, ich war nicht zufrieden, daß wir nur eine kleine Wohnung hatten, ich wollte dauernd irgend etwas. Das Trinken meines Mannes wurde mehr, ich übernahm immer mehr Verantwortung. Ich machte Behördengänge, ich kümmerte mich um die schulischen Belange der Kinder, ich fing an, aktiv zu werden. Ich arbeitete im Kirchenkonvent mit, schloß mich einer Partei an, war im Elternverein, war Elternsprecherin, war im Sportverein. Das alles tat ich, um Anerkennung zu kriegen, und die bekam ich denn auch. Mein Mann erzählte mir, wie stolz er auf mich sei, die Freunde klopften mir auf die Schulter: »Mensch, wie toll, daß du das alles schaffst mit deinen drei Kindern und dem Haushalt, das finden wir ganz großartig.« Ich fand es zur damaligen Zeit auch großartig. Ich merkte gar nicht, daß ich dadurch nur von mir und meinen Problemen

ablenkte. Das ging sogar so weit, daß ich mich eines Tages mit meiner Schwester selbständig machte.
Wir eröffneten eine Boutique. Mein Schwager und mein Mann haben den Laden ausgebaut und aus kahlen Wänden einen tollen Betrieb gemacht. Die Initiative ging auch dabei von mir aus. Mein Mann übernahm zwar Arbeiten, aber er tat das nur, weil ich ihn dazu drängte, nie von sich aus. Eines Tages wurde ich von einem Kunden angerufen, mein Mann läge betrunken im Büro, ich solle kommen und ihn abholen. Ich habe ein fürchterliches Theater gemacht, und wie immer bekam ich von meinem Mann darauf überhaupt keine Antwort. Er reagierte einfach nicht. Ich konnte sagen, was ich wollte, er sagte nichts. Wenn es ihm zuviel wurde, ging er aus dem Haus in die nächste Kneipe und trank. Er hatte in den letzten Ehejahren einen Skatklub, von dem er regelmäßig betrunken nach Hause kam, und wenn er sonntags morgens zum Frühschoppen ging, kam er auch von da angetrunken nach Hause.

»Mein Mann war ein stiller Trinker«

Er hat nie Theater gemacht, nie Streit gemacht. Er hat sich, wenn er abends betrunken vom Dienst nach Hause kam, still ins Wohnzimmer gesetzt. Irgendwann hab' ich dann bemerkt, daß er nachts aufstand und torkelnd ins Schlafzimmer zurückkam. Erst hab' ich gedacht, er ist krank oder er träumt, bis ich gemerkt hab', daß er nachts Alkohol trank. Ich habe mir überlegt, wo er die Flasche stehen haben könnte, und habe angefangen, danach zu suchen. Ich habe dann eine Flasche im Badezimmer gefunden. Hinter der Tür hing mein Bademantel, und in der Tasche steckte eine große Flasche Schnaps, einfacher, klarer Korn. Ich habe demonstrativ die Flasche auf den Tisch gestellt, natürlich habe ich geschimpft und gemeckert. Das nächste Mal habe ich die Flasche ausgegossen, ein anderes Mal habe ich sie versteckt und mich dann gefreut, wenn er sie gesucht hat. Dieses Spielchen lief eine ganze Weile.
Ich muß noch erwähnen, daß mein Mann nicht jeden Tag getrunken hat, sondern sporadisch. So alle sechs Wochen war er drei oder vier Tage betrunken, manchmal auch eine Woche.
Vom Nachtdienst aus kam mein Mann regelmäßig betrunken nach Hause. Eines Morgens, als er wieder volltrunken vor mir stand, da war bei mir der Punkt gekommen, wo ich sagte: »Jetzt

ist Schluß.« Ich hab' ihn ins Bett manövriert und hab' mich, nachdem die Kinder in der Schule waren, ans Telefon gesetzt. Unter »Alkohol« fand ich den Namen der Anonymen Alkoholiker. Ich hab' dann da angerufen, alles erzählt, und der Mann am anderen Ende der Leitung sagte, ich solle versuchen, mit meinem Mann abends in eine Gruppe zu kommen.

Ich hab' meinen Mann also abends ins Auto gesetzt, er war noch angetrunken und sehr schuldbewußt, und bin mit ihm in eine Gruppe gefahren. Unterwegs fragte er: »Wohin fahren wir eigentlich?« Ich sagte: »In eine Gruppe, in der über Eheprobleme gesprochen wird, und ich meine, wir sollten daran teilnehmen.«

Ich hab' ihn dann – so muß ich es wohl sagen – bei den Alkoholikern abgegeben. Ich selbst bin in die Angehörigen-Gruppe gegangen, die nebenan tagte.

»Dieses erste ›meeting‹ war ein Wendepunkt in meinem Leben«

Es war der 3. August. Ich weiß das deshalb so genau, weil es unser Hochzeitstag war. An diesem Abend hörte ich zum ersten Mal, daß ich mit dem, was ich bisher getan hatte, um meinen Mann vom Alkohol loszureißen, ganz falsch lag. Anhand der Aussagen wurde mir deutlich gemacht, daß mein Verhalten vollkommen falsch war. Ich hatte meinen Mann bevormundet, ihn zurechtgewiesen wie ein Kleinkind, ich hab' ihn runtergeputzt, ich hab' ihn beschimpft und ihm Vorschriften gemacht. Ich hatte ihn mal zu einem Nervenarzt geschickt, weil ich meinte, daß mit seinem Trinken etwas nicht in Ordnung war, ich hab' ihn bevormundet in bezug auf seine Garderobe, ich hab' ihm vorgeschrieben, wann er ins Kinderzimmer zu gehen hat, wann er sich um die Kinder zu kümmern hat, ich hab' ihm vorgehalten, daß er nicht in Kneipen gehen soll usw.

An diesem Abend begriff ich als erstes, daß ich ihn nicht bevormunden soll. Wir sind also aus dem meeting gekommen, und das erste, was ich zu meinem Mann sagte, war: »Frag mich nie wieder, was du anziehen sollst.«

Von diesem Tag an bin ich regelmäßig zu diesen Treffen gegangen, manchmal drei- bis viermal die Woche, weil ich einfach nicht genug kriegen konnte von diesen Gesprächen.

Ich hörte in AL-ANON, daß ich versuchen sollte, meinen Mann

sein Leben so führen zu lassen, wie er es will, und daß ich mich nur auf mich besinnen sollte. Ich hatte viele gute Vorsätze, wenn ich im meeting saß, aber wenn ich nach Hause kam und meinen Mann betrunken vor mir sah, waren die Vorsätze weg. Dann hab' ich wieder geschimpft. Es fiel mir schwer, gefühlsmäßig zu begreifen, daß ich nichts tun konnte, um ihn vom Alkohol wegzubringen.

Mein Mann ging nicht regelmäßig in die Gruppen, mal ging er, dann ging er wieder nicht. Und wenn er nicht ging, trank er auch. Das zog sich so ein ganzes Jahr hin, und ich habe in diesem ersten Jahr unwahrscheinlich viel mitbekommen. Ich habe sehr viel über mich nachgedacht. Ich habe gemerkt, daß ich zu keinem echten Gefühl fähig war. Mir ist bewußt geworden, daß ich zwar nett und freundlich bin, aber nichts Warmes an mir habe.

Ich habe sehr viel über mich gesprochen, und bei diesen Gesprächen ist mir das erste Mal bewußt geworden, daß ich nicht in der Lage bin, die ganzen Ehejahre nicht gewesen bin, meinen Mann mal in den Arm zu nehmen oder von mir aus lieb zu ihm zu sein. Das mag komisch klingen, aber ich hatte bis dahin immer geglaubt, daß wir außer diesem Alkoholproblem eine ganz glückliche Ehe führen. Am Anfang ist das mit Sicherheit auch so gewesen. Mein Mann war, wie ich schon erwähnte, immer lieb und nett. Er hat mich mit seiner Liebe überschüttet, hat immer engen Kontakt zu mir gesucht, mich immer in den Arm genommen. Wenn er getrunken hatte, hatte er hinterher so ein schlechtes Gewissen, so ein Schuldgefühl, daß er doppelt lieb und nett war. Ich sag' immer, dann hat er uns die Sterne vom Himmel geholt. Ich habe nie Gelegenheit gehabt, meine Gefühle auszuleben, ich war mir auch nie meiner Gefühle bewußt. Das einzige Gefühl, das ich hatte, war Wut, ich hab' auf alles wütend reagiert. Ich hatte schon lange nicht mehr geweint, ich habe keine Trauer gespürt, ich hab' keine Freude gespürt, ich hab' eigentlich nur Wut in mir gehabt. Diese Gefühlsarmut ist sicher nicht nur durch das Trinkverhalten meines Mannes ausgelöst worden, sondern schon durch meine Kindheit, dadurch, daß meine Mutter mir nicht so viel Liebe geben konnte.

Ich habe so ganz langsam einiges an Fehlverhalten bei mir abbauen können. Mein Mann trank zwar immer noch, aber ich konnte jetzt schon abends die Schlafzimmertür zumachen und ihn alleine sitzen lassen mit seiner Flasche. Ich habe ihn nicht mehr gestört, ihm keine Vorwürfe gemacht. Ich habe auch keine Flaschen mehr gesucht. Ich hatte zwar gemerkt, daß er noch immer welche versteckt hatte, manchmal stieß ich durch Zufall darauf. Ich hab' sie da gelassen, hab' sie auch nicht erwähnt. Ich habe versucht, ihn während seiner Trinkzeit zu isolieren, und das ist mir auch meistens ganz gut gelungen. Dadurch, daß wir inzwischen ein Haus über mehrere Etagen bewohnten, war es mir ein leichtes, wenn mein Mann wieder seine Trinkphase hatte, mich mit den Kindern, die ich inzwischen über diese Krankheit aufgeklärt hatte, zurückzuziehen.

»Ich stellte ihm ein Ultimatum«

Eines Tages ist dann folgendes passiert: Ich kam von einem meeting nach Hause, und mein Mann war so betrunken, daß mir der Gedanke, mit ihm in einem Schlafzimmer zu sein, unerträglich war. Ich hab' also die Betten genommen – wir haben im Haus ein Terrassenzimmer – und hab' sie in dieses Zimmer gebracht. Er hat die Betten geschnappt und hat sie wieder hochgebracht, ich hab' sie wieder runtergebracht, so ging das hin und her. Wie es eigentlich genau war, kann ich nicht mehr sagen, jedenfalls habe ich meinem Mann offenbar einen Schubs gegeben, und er ist die Treppe runtergefallen und mit dem Kopf an den Heizkörper geschlagen. Gott sei Dank ist ihm nichts passiert, aber der Gedanke, ich hätte ihn umbringen können, ließ mir keine Ruhe. Ich stellte ihm ein Ultimatum: Er sollte sich drei Tage überlegen, was er gegen sein Trinken tun wollte. Ich habe dann ein übriges getan und mich mit dem Dienstarzt meines Mannes in Verbindung gesetzt. Der sagte mit einer ganz ruhigen Stimme: »Ich weiß schon lange, daß Ihr Mann trinkt, aber Sie wissen ja auch, daß er von selber kommen muß.« Mein Mann ist dann auch hingegangen. Wie das Gespräch verlaufen ist, weiß ich nicht.

»Ich habe gelernt, meinen Mann und meine Kinder loszulassen«

Es folgte eine kurze Zeit des Nichttrinkens, aber irgendwann ging's wieder los. Ich ging weiterhin in meine Gruppe. Ich habe jetzt sehr bewußt versucht, meine Gedanken nicht immer nur auf meinen Partner zu richten, sondern mich auf mich selber zu konzentrieren. Bei Auseinandersetzungen mit meinem Mann und meinen Kindern habe ich mich bemüht, nicht zu schreien,

sachlich zu bleiben, ruhig zu bleiben. Ich habe mich mit ihnen in sachlicher Art auseinandergesetzt. Ich habe ganz langsam gelernt, meinen Mann und meine Kinder »loszulassen«. Was das heißt, will ich an einem Beispiel erklären. Während ich all die Jahre dafür gesorgt habe, daß Rechnungen fristgemäß bezahlt wurden, habe ich jetzt Sachen, die meinen Mann betrafen, einfach liegenlassen. Manchmal mußten drei Mahnungen kommen, ehe er reagiert hat. Mir ist es sehr schwergefallen, einfach dazustehen und zuzusehen und nichts zu tun. Mein Mann hat im letzten Moment immer noch den Dreh gekriegt, aber wenn eines Tages der Gerichtsvollzieher vor der Tür gestanden hätte, hätte er die Konsequenzen seines Trinkens gespürt.
Ich mußte auch ertragen lernen, daß sich mein Mann anders verhält als ich es mir wünsche, daß er anders reagiert, daß er eine andere Meinung hat als ich.
Nach einer sehr langen Trockenphase – es war um Weihnachten, ich arbeite jedes Jahr um diese Zeit – kam mein Jüngster zu mir ins Geschäft und sagte: »Papi hat getrunken.« Mir zitterten die Knie, ich hab' gedacht, mir geht der Boden unter den Füßen weg. Diese Trinkphase hat sich über 14 Tage hingezogen.
Ich hab' mich dann mit meinen Jungs zusammengesetzt und hab' ganz klar und deutlich gesagt, daß ich so nicht weitermachen könnte und auch nicht wollte, daß ich wüßte, ich könnte an seinem Trinken nichts ändern, daß ich aber nicht darauf warten würde, bis er sich zu Tode getrunken hätte. Ich hätte keine Kraft mehr, und ich wollte mich trennen. Eine Scheidung kam für mich nicht in Frage, aber ich wollte mich räumlich von meinem Mann trennen. Ich wollte, daß er mit seinem Trinken die Familie nicht mehr stört. Ich bin dann am 23. Dezember zu einem Rechtsanwalt gegangen, habe ihm meine Geschichte erzählt und ihn gebeten, meinem Mann einen Brief zu schreiben, daß er sich eine andere Wohnung nehmen soll, ich wünschte, daß er aus dem gemeinsamen Haus auszieht. Wir hatten also ein ganz scheußliches Weihnachtsfest. Wir haben ruhig zusammengesessen mit der Familie, keiner sagte was, es lag eine große Last auf uns allen. Ich hatte mit diesem Brief etwas getan, womit ich mit allen meinen Gefühlen dahinterstand. Ich wollte nichts mehr mit seinem Trinken zu tun haben, ich wollte endlich Ruhe haben. Der Brief ist einen Tag nach Weihnachten angekommen. Mein Mann hat keinen Ton gesagt, ich auch nicht.

»Anfang Januar bekam er einen Klinikplatz, und seitdem ist er trocken«

Dann kam Silvester. Meine Söhne und ich verbrachten den Abend bei Freunden. Als mein Mann nach Dienstschluß gegen 22 Uhr nach Hause kam, war das Haus leer. Um 24 Uhr, das hab' ich später erfahren, ist er vor die Tür gegangen, leicht angetrunken, hat sich die Knallerei angesehen und hat sich von Nachbarn einladen lassen. Denen hat er gesagt, das sei das letzte, was er trinken würde, er würde Schluß machen mit dem Alkohol.
Als ich am nächsten Morgen ins Wohnzimmer kam, hörte ich, wie er seinen diensthabenden Arzt anrief und darum bat, er möge sich um einen Klinikplatz für ihn kümmern. Ich konnte es kaum fassen. Wir haben dann miteinander gesprochen, und er hat gesagt, er sei fest entschlossen, aufzuhören. Es sei ihm in letzter Zeit sehr schlecht gegangen, er hätte Entzugserscheinungen gehabt nach jeder Trinkphase, und er wollte jetzt etwas tun. Anfang Januar bekam er einen Klinikplatz, und seitdem ist er trocken.
Wir gehen jetzt beide regelmäßig in unsere Gruppen. Mein Mann in seine Alkoholiker-Gruppe und ich in meine Angehörigen-Gruppe. Das Trinkproblem ist zwar jetzt vorbei, aber wir müssen noch viel an uns arbeiten, um unsere alten Verhaltensweisen zu ändern. Wir hatten eine ganz euphorische Phase, als mein Mann aus der Klinik kam. Wir haben uns bemüht, nicht miteinander zu streiten. Mein Mann hat gelernt, über Probleme zu sprechen, er hat wieder Verantwortung zu Hause übernommen, er hat sich um die Kinder gekümmert. Ich habe ihm vieles überlassen, und eine Weile lief es recht gut.
Gefühle zu zeigen fiel mir aber immer noch schwer. Ich habe erst vom Verstand her lernen müssen und es mir praktisch angewöhnen müssen, zu meinem Mann zu gehen und ihn mal in den Arm zu nehmen. Das ist eine richtige Lerntherapie gewesen, die dann später ins Gefühl rübergegangen ist. Ich kann das nicht erklären, zwischen dem Hingehen und In-den-Arm-Nehmen war so eine Sperre bei mir, die ich in den früheren Jahren nicht überwinden konnte, und ich weiß auch, daß mein Mann darunter immer gelitten hat, daß er oft den Wunsch hatte, ich solle liebevoller sein, aber damals stand ja der Alkohol zwischen uns. Der war jedenfalls für mich immer mein Alibi. Denn als der weg war, wurde sehr deutlich, daß der Alkohol nur ein Vorwand war, daß ich im Grunde genommen generelle Schwierigkeiten hatte, ihm

Gefühle entgegenzubringen. Darüber habe ich in den Gruppen gesprochen, und ich habe dann aufgrund der Aussagen begriffen, daß ich versuchen muß, diese Barriere über den Verstand zu überbrücken. Und das habe ich gemacht. Später ist das ganz von selbst zu einem wirklichen Gefühl geworden, und es war mir leichter möglich, meinen Mann in den Arm zu nehmen und zu drücken.

»Dieses Miteinanderreden über uns persönlich, das fehlt uns immer noch«

Als mein Mann die Klinik verließ, war natürlich nicht gleich das Vertrauen wieder da. Wir hatten eine alkoholfreie Zone zu Hause – bis zur Konfirmation von Rainer. Da waren Verwandte da, die von dem Alkoholproblem meines Mannes nichts wußten, denen wir das auch nicht sagen wollten, und da gab es auch Alkohol. Damals ist eine Flasche Weinbrand übriggeblieben.
Die stand im Wohnzimmer, und ich hab' mich dabei ertappt, daß ich jeden Tag zu dieser Flasche guckte, um zu sehen, ob sie noch voll war. Ich habe sie dann einfach einer Nachbarin geschenkt. Inzwischen haben wir Alkohol im Haus, und mein Mann gibt mir durch seine Äußerungen zu verstehen, daß es ihm nichts ausmacht. Er bekennt sich offen zu seinem Alkoholproblem, und man sollte meinen, es sei alles gut. Es ist sicher gut, einen nüchternen Partner zu haben, mal wieder etwas abgeben zu können, einfach mal sagen zu können: »Fragt Papi«, aber dieses richtige Miteinanderreden, dieses richtige Reden über Gefühle, über uns persönlich, das fehlt uns immer noch. Jedenfalls mir fehlt es. Und daß sich das eines Tages auch noch ändert, daran arbeite ich in der Gruppe.

Die Angehörigen-Gruppen: AL-ANON und AL-ATEEN

Die Bezeichnung AL-ANON kommt aus dem Amerikanischen und ist die Abkürzung von ALcoholics ANONymous. Für Kinder und Jugendliche heißen die Gruppen AL-ATEEN, abgeleitet von Teenager. Sie sind in ihrer Zielsetzung eng an das Programm der Anonymen Alkoholiker angeschlossen.

Angehörige, das ist mir bei meinen vielen Gesprächen mit Betroffenen klargeworden, werden bei der Diskussion um das Alkoholproblem oft nur am Rande gesehen, manchmal ganz und gar vergessen. Sie leiden aber meist ebenso, wenn nicht schlimmer, unter den Folgen dieser Krankheit. Ihnen einen Weg aufzuzeigen, ihre Situation zu durchbrechen, halte ich für ebenso notwendig wie die Hilfe für direkt Betroffene. Nicht nur Familienangehörige, sondern jeder, der in Sorge ist oder das Gefühl hat, selbst in Schwierigkeiten wegen eines Menschen zu sein, der mit dem Alkohol nicht umgehen kann, hat Zugang zu AL-ANON.

Die AL-ANON-Gruppe Delmenhorst hat mir freundlicherweise Aufnahmen von Informationsveranstaltungen zur Verfügung gestellt, die ich auszugsweise und gekürzt wiedergebe.

Neben betroffenen Angehörigen sprechen in der Regel auf solchen Treffen auch Alkoholiker, Ärzte, Suchtberater und Pastoren. Ich beschränke mich auf die Berichte von zwei Angehörigen und den Vortrag eines Arztes, Dr. Lothar Schmidt, Chefarzt der Psychosomatischen Abteilung des Jüdischen Krankenhauses, Berlin, und Präsident der Internationalen UNO-Kommission zur Verhinderung des Alkoholismus. Faszinierend finde ich, daß die Betroffenen völlig frei, ohne Manuskript, in schonungsloser Offenheit von sich und ihrem Leben erzählen.

Ich heiße Neidhardt, das ist mein Vorname;
meine Frau ist alkohol- und tablettenabhängig.

Als ich zu AL-ANON kam – das ist viereinhalb Jahre her –, da hatte ich keine Kraft mehr und keine Hoffnung. Ich hatte nur Erfahrung. Schlechte Erfahrung im Kampf gegen die Krankheit meiner Frau. Vor fast genau fünf Jahren habe ich bei einem

Anwalt gesessen. Ich war am Ende. Ich wollte nicht mehr. Er war der erste Mensch, mit dem ich über mein Problem gesprochen habe. Und der Weg zu diesem Anwalt hat mich viel Überwindung gekostet. Aber ich war an meine eigenen Grenzen gekommen. Der einzige Ausweg, der mir damals noch möglich schien, war die Scheidung. Der Anwalt hat mir zu etwas anderem geraten: Meine Frau sollte aufgefordert werden, etwas gegen ihre Krankheit zu tun. Das hat aber nur ein paar Wochen vorgehalten, dann war es schlimmer als vorher.

Für mich war es ein furchtbarer Rückschlag. Ich bin dann zur Sozialbehörde gerannt, zu Ärzten gelaufen. Hilfreich waren sie alle nicht. Ich habe damals festgestellt, daß sie genauso hilflos waren wie ich. Ich habe meiner Frau eine erste Kur verschafft, freiwillig ist sie da nicht hingegangen, und als sie rauskam aus der Kur, ging das Trinken von vorne los. Ich verstand die Welt nicht mehr. Ich hatte so große Hoffnungen in die Kur gesetzt, wie ich immer nur gehofft und gehofft hatte. Aber eine Hoffnung nach der anderen hatte sich zerschlagen. Das einzig Positive, das meine Frau aus der Kur mitbrachte, war der Wunsch, sich einer Abstinenzgruppe anzuschließen. Man hatte ihr die Anonymen Alkoholiker empfohlen.

Sie hat dann regelmäßig die meetings der Anonymen Alkoholiker besucht. Auf diese Weise habe ich erfahren – zum ersten Mal erfahren, obwohl ich schon so lange mit diesem Problem gekämpft hatte –, daß es Gruppen gibt, wo Angehörige von Alkoholikern hingehen können. Aber glauben Sie nicht, daß ich da sofort hingegangen wäre. Ich mußte ziemlich oft eingeladen werden, bis ich halb aus Höflichkeit, halb aus Neugier hinging.

Am ersten Abend, an dem ich sonst noch nicht viel mitbekommen habe, habe ich festgestellt, daß es genau das war, was mir gefehlt hatte: das Gespräch mit Menschen, denen es ergangen war wie mir, die sich genauso gequält hatten, die genauso verzweifelt waren wie ich. Ich hatte ja die ganze Zeit geglaubt, ich müßte mit diesem Problem alleine fertig werden. Ich hab' immer gedacht: »Mir kann keiner helfen, ich muß mich da selber durchboxen.« Ich habe immer und immer wieder versucht, meine Frau »trockenzulegen«, und bin immer und immer wieder gescheitert, wie alle Angehörigen daran gescheitert sind. Aber daß das so ist, habe ich erst in der Gruppe erfahren. Ich wußte ja nicht, daß das zwangsläufig so sein muß bei dieser Krankheit. Und was ich wirklich kaum fassen konnte war, daß es Menschen

gab, denen es genauso ergangen war wie mir. Ganz genauso. Da habe ich zum ersten Mal erfahren, was es heißt, Erfahrungen miteinander zu teilen. Daraus erwuchs ganz langsam Kraft. Kraft, die dann auch den Weg in die Hoffnung öffnet. Dadurch, daß ich die Angehörigengruppe besuchte, habe ich ja auch Alkoholiker kennengelernt. Und da habe ich eine sensationelle Erkenntnis gewonnen: Meine Frau war nicht anders als diese Alkoholiker. Sie war eine ganz gewöhnliche Alkoholikerin. Das hört sich vielleicht komisch an, aber für mich war das damals unfaßbar. Ich hatte meine Frau immer als etwas Besonderes angesehen. Ich habe auch mich ständig in einer Sondersituation gesehen. Ich kannte keinen Menschen, bei dem es zu Hause so ausgesehen hätte wie bei uns. Im Kollegenkreis gab es so etwas nicht, auch nicht in unserer Straße. Vielleicht haben die das auch alle so gut versteckt wie ich. Ich habe mich furchtbar geschämt und habe versucht, das möglichst geheimzuhalten. Obwohl die meisten sicher mitbekommen haben, wenn meine Frau schwankend durch die Straße ging oder wenn sie nach Hause gebracht werden mußte und krachend durchs Treppenhaus polterte. Das konnte gar nicht verborgen bleiben. Ich habe nur immer meine Augen zugemacht.
Irgendwie war es tröstlich zu hören, daß das gar nicht so etwas Einmaliges ist, sondern daß das häufiger vorkommt. Ja, und ich habe noch etwas gesehen, was mir ein kleines Zipfelchen Mut und Hoffnung gegeben hat. Ich habe nämlich trockene Alkoholiker gesehen. Menschen, denen es vor ihrer Trockenheit nicht anders ergangen ist als meiner Frau. Vielleicht waren manche sogar noch schlimmer dran. Und trotzdem hatten sie es geschafft, ihre Krankheit zum Stillstand zu bringen. Und wenn das so war, müßte es meine Frau doch auch schaffen. Sie hat es geschafft, aber es hat länger gedauert, als ich es mir gewünscht hatte. Ohne die Angehörigengruppe hätte ich das nicht mehr durchgehalten. Denn ich war mit meinem Latein am Ende.
Wer zu AL-ANON kommt, der darf nicht erwarten, daß wir ein Wundermittel hätten, wir haben auch keine Patentrezepte oder geheime Pillen. Aber wir haben den Willen, einen anderen Weg zu versuchen. Meine Bemühungen waren ja all die Jahre fehlgeschlagen. Ich hatte es ja nicht geschafft, meinen Alkoholiker »trockenzulegen«. Und die anderen, die in AL-ANON saßen, die konnten das für sich auch bestätigen. Wer hier den großen Tip erwartet, wie er den Alkoholiker von der Flasche wegkriegt, der wird enttäuscht werden. Das kann er bei uns nicht erfahren,

weil wir es auch nicht wissen. Aber das ist eigentlich auch unsere Stärke, daß wir zugeben, wir können es nicht. Das war jahrelang auch meine Hauptbeschäftigung, und was ich da alles fabriziert habe, ist nicht sehr rühmlich. Heute weiß ich: Das war Teil *meiner* Krankheit. Deswegen sagen wir auch: Alkoholismus ist eine Familienkrankheit. Nicht nur der Alkoholiker ist krank, der Angehörige wird irgendwann mit krank. Er merkt es nur nicht.

Dem Alkoholiker sieht man an, daß irgendwas nicht stimmt. Ich weiß nicht, ob man mir das angesehen hat. Gewisse Verhaltensweisen hatte ich auch schon angenommen, die allerdings nur dem Alkoholiker auffallen. Zum Beispiel der berühmte Blick des Angehörigen, der kontrollierende Blick oder das Schnüffeln und Schnuppern: Hat er wieder getrunken oder nicht? Aber für meine Umwelt habe ich äußerlich gesund ausgesehen. Innerlich war ich krank.

Ein Glück, daß ich eine Arbeit hatte, wo es nicht auffiel, wenn ich mit meinen Gedanken nicht so ganz bei der Sache war. Im Geist war ich nämlich oft zu Hause, hab' daran gedacht, was da wohl wieder alles passiert sein könnte. Und das große Herzklopfen auf dem Nachhauseweg: Was erwartet dich? Ja, und dann abends immer das gleiche Theater: Streit und Vorwürfe. Ich dachte, damit könnte ich meine Frau umbiegen. Es war zwecklos. Erst in der Gruppe habe ich Hilfe gefunden.

Ich habe dort den Schutz der Anonymität genossen, das ist bei AL-ANON wie bei AA. Wer zu uns kommt, muß nichts über sich erzählen. Wir fragen ihn nur nach seinem Vornamen, damit wir ihn ansprechen können, und wir bieten ihm unser Du an, weil wir ihm zeigen wollen, daß wir Vertrauen zu ihm haben und er Vertrauen zu uns haben soll. In AL-ANON kann man lernen, sich wieder zu freuen. Hier kann man wirklich einen Zipfel von dem zu fassen kriegen, was ich als das Glück im kleinen bezeichnen möchte. Und wenn man dann das ganz große Glück hat, dann wird auch der Partner den Weg zu AA und in die Trockenheit finden.

Ich hab' vorhin gesagt: Alkoholismus ist eine Krankheit. Als ich zu AL-ANON kam, wußte ich das nicht. Ich habe mir darunter nichts vorstellen können. Heute kann ich akzeptieren, daß meine Frau krank ist. Meine Frau hat ihre Krankheit bis heute zum Stillstand bringen können. Ob sie morgen wieder trinken muß, weiß ich nicht. Aber ich nehme sie so an, mit allem, was zu ihr gehört. Diese Krankheit gehört zu ihr. Deswegen habe ich eingangs auch gesagt: »Ich heiße Neidhardt, meine Frau ist alkohol- und medikamentenabhängig.« Das ist mein Bekenntnis zu meiner Partnerin. Ich habe mich ausgesöhnt mit meiner Vergangenheit, und wir führen heute die beste Ehe, die wir je geführt haben.

Mein Name ist Monika, ich bin Angehörige
und gehe zu AL-ANON;
mein Mann sagt von sich, er sei Alkoholiker.

Wir sind seit 15 Jahren verheiratet. Das erste Jahr ist mir noch gut in Erinnerung und auch die letzten drei Jahre unserer Ehe, denn da hat mein Mann zu AA gefunden. Im ersten Jahr trank er quartalsweise, später folgten täglich große Trinkexzesse. Ich möchte nicht die Schandtaten – wie ich sie genannt habe – meines Mannes erzählen, ich möchte Ihnen von mir erzählen, von meinen Reaktionen. Wie ich dagesessen habe zu Hause und auf ihn gewartet habe. Wir hatten ein Kind, und ich war nicht berufstätig. Dieses Warten in Angst und Sorge, es war schrecklich. Nachts bin ich im Dunkeln im Haus herumgelaufen. Es war nicht die Angst vor der Dunkelheit. Es war die Angst: Wie kommt er heute nach Hause? Denn wenn mein Mann getrunken hatte, war er ein anderer Mensch. Dann war er grausam und wütend und machte vieles kaputt. Und wenn er dann am nächsten Tag mit Blumen nach Hause kam und sich mit treuen Blicken langsam entschuldigend herantastete: »Wann bin ich denn gestern nach Hause gekommen, wie spät war es?«, dann dachte ich immer nur: »Jetzt will er sich wieder an mich heranschleichen, ich soll wieder gut sein, er muß doch wissen, wann er nach Hause gekommen ist.« Daß er damals schon vieles nicht mehr wußte, das hab' ich erst sehr viel später erfahren.
Die letzten Jahre waren schlimm. Ich saß allein zu Hause, die Angst wurde immer größer, ich sah keinen Ausweg. Das Kind weinte damals sehr viel, Grund für meinen Mann, in die Kneipe zu gehen. Ich hab' mir leid getan: Er kann rausgehen, trinkt sich einen an, und ich sitze hier. Andererseits konnte ich ihn sogar manchmal verstehen. Bei einer Frau, die ewig nörgelt, schimpft und rumläuft wie der wandelnde Vorwurf, ist es vielleicht auch nicht möglich, zu Hause zu bleiben. Die Zustände wurden so schlimm, daß ich einen Psychiater anrief und einen Termin für meinen Mann abmachte. Er kam wieder und sagte, das sei nichts für ihn.

Warum ich eigentlich nichts für mich getan habe, kann ich nicht beantworten. Er ging dann zum Arzt. Der gab ihm Antabus (Mittel gegen Alkohol), später verschrieb er ihm Beruhigungsmittel. Die lagen bei uns zu Hause rum. Da sich die Situation aber nicht änderte, ging's mit mir nervlich und körperlich immer mehr bergab. Ich hab' dann Schlaftabletten geschluckt. Mein Mann hat es noch geschafft, mich ins Krankenhaus zu bringen. Das war wohl mein Tiefpunkt. Ich erwartete damals ein zweites Kind. Ich wollte es aber nicht, denn ich wollte mich endlich von meinem Mann trennen. Ich hatte wirklich vor, meine jahrelangen Drohungen endlich wahrzumachen. Wer kennt das nicht, diese ewigen Versöhnungen und immer wieder die Beteuerungen des Partners: »Ich laß es sein, ich trinke nicht mehr.« Ich wußte damals nicht, daß er seine Versprechungen nicht halten konnte.

Als ich wieder zu Hause war, schöpfte ich neue Hoffnung. »Vielleicht geht's jetzt bergauf«, dachte ich. Er machte mir wieder Versprechungen. Wir wollten es noch mal miteinander versuchen. Der Anfang war schön, kurz danach war wieder alles beim alten. Gott sei Dank ist das Kind gesund zur Welt gekommen. Die letzte Kraft, die ich noch hatte, habe ich meinen Kindern gewidmet. Wir sind umgezogen, aber auch das hat nichts verändert.

Dann fing bei mir die Zeit an, wo ich mich nicht mehr so viel um das Trinken meines Partners kümmerte. Wann er nach Hause kam, war mir egal. Ich hatte schon aufgegeben, war nur noch stumpfsinnig, ohne Hoffnung. Dann kam der Tag, an dem er zur AA gefunden hat. Ohne mein Zutun, ohne mein Drängen, ohne mein Dahinterhersein. Und dann war er es, der mir gesagt hat, daß es auch Angehörigen-Gruppen gibt. Ich ging hin, aber ohne Hoffnung. Neidhardt sagte es vorhin schon: Daß dort Menschen sind, die einen verstehen, das war auch für mich das größte Erlebnis am ersten Abend. Sagen konnte ich nichts. Ich habe nur auf Empfang gestellt, aufgenommen. Aber dieses Verständnis, das mir dort entgegenkam, dieses Mitverstehen, das habe ich gleich beim ersten Mal empfunden.

Vorher hatte ich bei Menschen, denen ich mich anvertraut hatte, eher das Gegenteil erlebt: »Wie kannst du bei so einem Mann bleiben, der dich schlägt, der trinkt, der nicht nach Hause kommt, der auf der Straße gefunden wird, der den Führerschein verliert usw.?« Mein Mann fragte mich dann: »Willst du mir helfen, wollen wir von vorne anfangen?« Ganz spontan habe ich

Selbsthilfegruppe sind. Jeder hilft sich selbst, und indem er sich selbst hilft, hilft er dem anderen mit. Ich habe mich jahrelang immer auf die anderen verlassen. Ich habe nicht erst neun Tage Knast hinter mir, sondern reichlich, und jedesmal, wenn ich rausgekommen bin, hab' ich gewartet, daß irgend jemand kommt, der mich an die Hand nimmt und sagt: »So, Reinhardle, nun wollen wir mal sehen, wie es mit dir weitergeht«, und das war jedesmal für mich der Rückfall. Ich habe es mir einfach zu leicht gemacht, ich hab' immer gewartet, daß mir jemand was gibt. Ich hatte gar keine Kraft, Eigeninitiative zu entwickeln. Und ich spüre jetzt, wie ich stark werde durch die Gruppe. Ich hab' aber wie alle anderen auch manchmal noch Schwierigkeiten. Ich hab' neulich versucht, Briefe an AA-Freunde zu schreiben, hab' sie aber wieder zerrissen und in den Papierkorb geschmissen. Dieses Sich-nicht-selbst-Vertrauen haftet mir eben immer noch an. Man kann sich nicht von heute auf morgen total verändern, und es ist nicht damit getan, daß man das erste Glas stehenläßt. Ich hab's ja erlebt, als ich draußen war im Oktober, wie furchtbar schwer es mir gefallen ist, nicht zu trinken. Die Kraft dazu hab' ich mir bei einem meeting draußen geholt, wo ich aufgenommen worden bin wie hier. Allein dieses Wissen, daß ich nicht alleine dastehe, daß es Tausende und aber Tausende von Menschen gibt, die die gleiche Krankheit haben wie ich und die mich verstehen, ist umwerfend. Ich hab' mir jahrelang Menschen gewünscht, mit denen ich reden kann, denen ich alles offenbaren kann, und jetzt habe ich die Gruppe gefunden, und das ist wunderbar.

Wenn ich heute mit Situationen konfrontiert werde, die mich früher umgeworfen hätten, setze ich mein Wissen dagegen: Es gibt viele, die genauso Schiffbruch erlitten haben wie du oder die genauso auf den Hund gekommen sind, und die haben es bewältigt. Das beste Beispiel ist Erika. Sie hat ihre Schulden auch abbezahlt ohne fremde Hilfe, aus dem einfachen Grund, weil sie das erste Glas hat stehenlassen, und warum soll ich das nicht auch schaffen? Danke.

Ich heiße Erika und bin Alkoholikerin.

Reinhard, du hast mich sehr angesprochen. Ich kann das eigentlich alles nur bestätigen, was du gesagt hast. Die leichteste Übung für mich war eigentlich, das erste Glas stehenzulassen. Die schwerste war, trockenzubleiben. Und deshalb gehe ich in die

Gruppen. Immer wieder. Natürlich hab' ich am Anfang auch geglaubt, was dein Kollege dich gefragt hat: Die zahlen dir da die Miete und helfen dir, und ich habe das auch mal in den Gruppen gesagt: »Ich dachte, ihr würdet mir helfen bei allen meinen Schwierigkeiten.« Und da wurde mir gesagt: »Für Wohnungen ist das Wohnungsamt zuständig, für Geld die Bank, und wenn du gar kein Geld hast, mußt du zum Sozialamt gehen. Wir können dir nur helfen, wenn du innere Schwierigkeiten hast und seelische Probleme. Wir können dir helfen, trockenzubleiben. Ob du die Hilfe annimmst, ist deine Sache. Ein Muß gibt es bei uns nicht.« So habe ich auch angefangen, und mir geben die Gruppen sehr viel, besonders diese Gruppe. Das habe ich euch schon mal gesagt. Ich bin schon eine ganze Zeit trocken, aber seit ich zu euch komme, habe ich erst angefangen, meine Kindheit und Jugend zu bewältigen. Das hatte ich immer noch irgendwo draußen gelassen. Ich habe immer erst ab meiner ersten Ehe angefangen zu erzählen, und ich weiß heute – und dabei habt ihr mir sehr geholfen –, daß meine ganzen Verhaltensweisen, diese Suche nach Liebe und Geborgenheit, von der ich hier von euch immer gehört habe, bei mir in der Kindheit auch schon immer dagewesen sind, und ich bin euch ganz, ganz dankbar, auch, daß ihr mich hier einfach so aufgenommen habt. Ich hatte anfangs Bedenken, zu euch zu kommen, aber inzwischen komme ich wirklich sehr, sehr gerne. Danke.

Reinhard:
Mir ist eben was eingefallen, als die Erika von ihrer Kindheit sprach. Ich hab' euch ja mal erzählt, daß ich mit 13, nachmittags nach der Schule, in einer Schnapsfabrik Flaschen etikettiert habe. Damals hab' ich schon heimlich gesoffen. Ich hatte zu meinem Vater überhaupt kein Vertrauen, und meine Mutter, die hat mich immer nur bedauert: »Der arme Reinhard, der ist ein bißchen zurückgeblieben.« Einfach, weil ich nicht aus mir rausgegangen bin. Mit 17, nachdem ich ausgelernt hatte, bin ich zweimal von zu Hause abgehauen. Daraufhin steckten mich meine Eltern in eine psychiatrische Klinik. Die sind mit mir und meinem Problem – ich war homosexuell – einfach nicht fertig geworden.
Ich war keine vier Tage in der Klapsmühle, da hatte ich schon einen Pfleger, der sich um mich »gekümmert« hat. Ich war neun Monate da und hab' die ganze Zeit über keinen Besuch bekommen. Zwei Tage vor Weihnachten 1959 bin ich da abgehauen, und meine Eltern haben mich dann für volljährig erklären lassen.

Die haben einfach gesagt: »Wir werden mit dem Reinhard nicht fertig.« Ja, und dann kam ich in die Großstadt und hab' tierisch gesoffen. Ich hatte einfach keinen Halt. Ich meine, wenn ich damals gewußt hätte, was ich heute weiß, aber es ist ja müßig so zu denken. Ich muß im Heute leben. Ich habe das Gefühl, daß es keinen Sinn hat, im Morgen zu leben. Wenn ich auf meiner Zelle sitze und mir irgendwas ausmale, was dann doch nicht in Erfüllung geht, dann komme ich wieder in die gleiche Scheiße wie früher. Grad neulich hat mir einer erzählt: »Wenn ich rauskomme und ich krieg nicht gleich eine tolle Arbeit, das erste was ich mache, ich sauf' mir wieder einen.« Wenn ich mit so einer Einstellung rausgehe, kann ich mich gleich aufhängen. Danke.

Ich bin Heiko, und ich bin Alkoholiker.

Ich bin richtig fertig momentan. Hier kann ich wenigstens mal reden. Ich fühl' mich dann irgendwie erleichtert und wie neu. Ich bin sehr froh, daß es so was hier gibt.
Mit kleinen Sachen hab' ich angefangen, dann wurde das mehr und schlimmer, und jetzt sitze ich hier und komm' nicht mehr klar. Mit der Ehe draußen geht alles drunter und drüber. Ich kann mich von hier aus nicht wehren oder sonstwas, ich muß hinnehmen, was kommt, und ich hoffe nur zu meinem Besten, daß es so wird, wie ich mir das vorstelle. Nicht, daß alles kaputtgeht und ich wieder von vorne anfangen muß. Danke.

Erika:
Ich kann nicht immer nur warten, bis andere kommen, ich muß schon selbst was tun. Ich kann mir nicht vorstellen, Heiko, wenn du zum Beispiel mal mit einem Beamten sprechen möchtest, daß das abgelehnt würde. Sieh mal, du hast mir erzählt, daß eventuell deine Ehe kaputtgeht. Das weißt du jetzt schon. Damit kannst du dich doch auseinandersetzen, solange du noch hier im Knast bist. Ich finde es viel schlimmer für dich, wenn das erst auf dich zukommt, wenn du rauskommst. Wenn ich dabei an mich denke, wie ich reagieren würde... Nimm an, du kommst nach Hause und deine Frau sagt: »Es ist aus und vorbei, ich hab' einen anderen«, dann drehst du dich um und läufst in die nächste Kneipe. Aber hier hast du doch die Möglichkeit, Entscheidungen zu treffen. Wenn du wirklich sicher bist, daß eure Ehe auseinandergehen wird, und du hast es ja immer wieder gesagt, und das macht dich so fertig, dann kannst du dich doch von hier aus

schon um eine andere Wohnung kümmern, damit du gar nicht mehr in die alte zurückmußt. Aber wenn du nur in der Zelle sitzt und sagst: »Ich armer Heiko, guckt mal, was mit mir geschieht«, dann tut sich gar nichts. Du mußt schon echt wollen. Ich hab' auch immer dagesessen und hab' gewartet, vielleicht kommt jemand, der mir hilft. Und ich hab' euch schon mal erzählt: Ich hatte diese furchtbar vielen Schulden, 20 000 Mark. Wie so ein kleines Kind hab' ich dagesessen und hab' gesagt: »Hoffentlich kommt eine Inflation.« Ist aber nicht gekommen. Ich mußte meine Schulden auch bezahlen, fünf Jahre lang mit 370 Mark im Monat. Ich sollte ins Obdachlosenasyl und habe ganz von vorne wieder angefangen. Ganz langsam. Und dies konnte ich schon entscheiden, als ich noch in der Klinik war. Da war ich genauso unter Dach und Fach, wurde verwaltet, wie du hier. Aber ich konnte schon sagen, was ich machen will, wenn ich rauskomme. Danke.

Heiko:
Du sagst, Erika, mal mit einem Beamten sprechen und so, das ist alles gut gesagt. Da muß man erst mal den Mut haben und die Kraft, und die habe ich nicht, die fehlen mir immer noch, und die haben mir früher schon gefehlt. Und das führe ich darauf zurück – du hast ja auch schon viel erzählt, was du so mitgemacht hast, und mir erging das nicht anders. Wenn ich das erzählen würde, das würde mir so mancher Mensch nicht glauben. Also Heim und so was, das spielt alles keine Rolle, das ist alles nebensächlich. Aber was ich zu Hause alles mitmachen mußte, also ich weiß nicht, wo ich da anfangen soll, das ist so wild und so verheerend.
Ich hab' jetzt mein Urteil bekommen, und da ging daraus hervor, daß ich unehelich geboren bin. Das wußte ich überhaupt noch nicht. Und mein Vater, der hat mir früher nichts gegeben als Prügel und Verachtung, nur ich hab' nie den Mut gehabt, mit ihm zu sprechen, weil ich immer weggestoßen wurde. Ich hab' wirklich mörderische Dresche gekriegt für nichts und wieder nichts. Und dadurch bin ich eben so geworden, wie ich heute bin: verklemmt und stur, wie man meint. Ich versuch' immer wieder, an irgendwelche Leute ranzutreten, um mich selbst zu behaupten, Gespräche zu führen. Ich sitze ja deswegen auch hauptsächlich hier, weil ich nur mit Alkohol mutig bin und den großen Mann markieren kann. Das, womit ich überhaupt nicht klarkomme, ist, daß mich mein Vater jetzt aus dem Haus gejagt hat,

und die Worte, die klingen mir immer wieder in den Ohren: »Verreck«, hat er gesagt. Und damit werde ich nicht fertig. Danke.

Erika:
Da kann ich dir auch direkt drauf antworten, Heiko. Ich hatte ja auch so eine Kindheit. Wir haben uns ja oft genug darüber unterhalten. Ich kann heute mit meiner Kindheit nichts mehr anfangen. Ich habe damit abgeschlossen, endlich. Ich bin damit fertig. Mein Vater, der hat mein ganzes Leben eigentlich schon gesehen und gewußt. Der hat immer gesagt: »Du landest noch mal in der Gosse.« Und ich hab' das auch geglaubt. Und ich bin auch in der Gosse gelandet, nur, womit er nicht gerechnet hat, daß ich da auch wieder rauskomme.
Dazu haben meine Freunde in der Gruppe, die Klinik und ich selbst beigetragen. Und das kannst du auch. Das behaupte ich einfach. Ich bin heute davon überzeugt, daß ich gar nicht fünf Monate in der Klinik hätte zu bleiben brauchen, wenn ich nicht soviel Selbstmitleid gehabt hätte. Ich hab' mich da auch so reinfallen lassen. Das ist wie Saufen, da kannst du dich so richtig schön drin einlullen. Aber da mußt du schon selber was tun. Du kommst ja auch in die Gruppe, und wir haben uns ja von Anfang an gut verstanden. Ich hab' die Erfahrung gemacht, wenn ich über meine Schwierigkeiten in der Gruppe gesprochen habe, dann konnte ich es auch draußen. Und so müßte das bei dir doch auch möglich sein. Danke.

Heiko:
Wie du das schilderst, Erika, das ist schon richtig. Aber draußen, das ist ja eben das Schwere für mich. Ich hab' draußen noch weniger Mut als hier drinnen, weil ich ja nur in Haft und Heimen gesessen hab'.

Gespräch mit Heiko – acht Monate nach den Dreharbeiten

Frage: Wie alt sind Sie?

Heiko: 29, und von diesen 29 Jahren hab' ich echt nur 18 in Freiheit gelebt. Mir steht alles bis zum Hals, und ich möcht' echt raus hier. Wenn ich mit meiner Frau weiter zusammenleben würde, würde mir immer das gleiche vorgeworfen werden, daß ich alles kaputtgemacht hab' und so. Wir streiten uns, sie hat beim Abteilungsleiter hier im Haus angerufen und gesagt, ich bedrohe sie, ich schicke Leute und so was alles, was gar nicht stimmt. Dadurch hab' ich hier ein schweres Leben, weil man mir das nicht abnimmt. Ich hab' gesagt, wenn ich wollte, hätte ich es schon getan. Natürlich ärgere ich mich darüber, daß alles aus ist, ich bin auch nicht glücklich darüber, aber so richtigen Haß, ihr was anzutun oder ihr jemand auf den Hals zu schicken, hab' ich nicht. Ich find' das blöd. Und ich will, wie gesagt, raus aus dem ganzen Schlamassel, ob mit oder ohne Frau, mit wär' schöner, aber das geht wohl nicht. Man fällt ja immer wieder auf die Beine.

Frage: Damals im Film sagten Sie, daß Sie sehr darunter leiden, daß Ihre Ehe kaputtgeht. Jetzt hört sich das so an, als wollten Sie selbst davon loskommen.

Heiko: Ja, das ist vollkommen richtig. Ich wollt' auch kämpfen mit allen Mitteln, aber ich hab' eingesehen, wenn ich diese Frau halte, geh' ich mit unter, und das möchte ich nicht.

Frage: Aus welchen Verhältnissen kommt Ihre Frau?

Heiko: Meine Frau kam mit ihren Eltern nicht klar und ist oft weggelaufen und so. Und dann ist sie am Bahnhof verkehrt, hat mit jedem rumgemacht, egal, wer das war. Und da haben wir uns kennengelernt. Ich hörte dann so hintenrum, so eine ist das, aber das interessierte mich nicht. Ich hatte ein Gespräch mit ihr gehabt und fühlte mich wohl bei ihr, die Sympathien stimmten. Wir haben uns so gut verstanden, daß ich mir sagte: »Wenn du so eine Frau aus dem Dreck rausholst, die müßte dir doch dein Leben lang dankbar sein, die weiß das bestimmt zu schätzen.« Das hab' ich geschafft, ich hab' sie da weggeholt, sie ist da nie wieder hingegangen. Die haben sich alle gewundert, daß das geklappt hat. Ja, dann haben wir geheiratet, das Kind war da, alles war klar, bis ich dann in Haft mußte, da ist alles kaputtgegangen.

Frage: Warum wurden Sie inhaftiert?

Heiko: Das erzähl' ich später, ich will mal noch was von der Ehe sagen. Ich bin jetzt in diesen drei Jahren, wo ich draußen war, als ich meine fünf Jahre rumhatte, das zweite Mal verheiratet. Einmal davon nur zwei Monate, das war wohl die kürzeste Ehe überhaupt hier in Bremen. Die erste Frau ist mit meinem ganzen Geld durchgebrannt und hat sich 'nen schönen Tag gemacht, und dann war das ganze Geld alle. Das ist nicht einmal, das ist öfter passiert, und dann hieß es, ich sei zu faul zum Arbeiten. Ich hab' dann die Scheidung eingereicht und bin auch schuldlos geschieden worden, und gleich danach hab' ich wieder geheiratet. Ohne Pause, nicht mal erst erholen, das war bei mir nicht drin. Ich blieb unter diesem Streß. Ich hatte 'ne Wohnung, Möbel, alles, und jetzt fehlte mir was. Wie gesagt, ich hab' mit den Eltern früher keinen richtigen Kontakt gehabt. Und wenn ich zu Hause sitzen muß, auch wenn ich alles habe, ich kann nicht alleine sein, ich brauche 'nen Menschen, ich muß reden, ich brauch' Kontakt, und den hab' ich auch im Alkohol gesucht. Und da bin ich dann mit Leuten zusammengekommen, die ich besser gemieden hätte, dann wäre ich heute nicht hier. Ich such' immer Kontakt und fall' damit auf die Nase, eben weil ich das Milieu nicht gewechselt hab'. Ich bin immer nur wo reingegangen, wo ich das Gefühl hatte, hier bin ich wer. Nur da hab' ich mich wohl gefühlt. Denn unter normalen Menschen war ich nichts. Ich war schon ganz verrufen in der Gegend, wo wir gehaust haben, eben durch meine Eltern. Ich hab' mitten auf der Straße Prügel gekriegt, so, als wenn sich zwei Erwachsene schlagen. Mein Vater hat so auf mich eingeschlagen, daß ich nach Hause kriechen mußte, das haben die in der Straße alle gewußt. Ein Mädchen zu kriegen war gleich Null. Mein Vater hat mir mit 19 Jahren noch Stubenarrest gegeben. Ich durfte nicht aus dem Haus, und ich konnte mich nicht dagegen wehren. Und was das so für einen Stau gibt, man ist fertig nachher und weiß gar nicht, was los ist. Ich bin wohl zu dem erzogen worden, was ich bin.

Frage: Haben Sie von keiner Seite Unterstützung bekommen?

Heiko: Nein. Als ich das erste Mal entlassen war, bin ich mindestens ein halbes Jahr so rumgelaufen, in Kneipen hier und da, weil ich einfach keinen Menschen kannte, dem ich mal dies oder das erzählen konnte. Und dadurch hat sich das genaue Gegenteil ergeben. In den Kneipen hab' ich getrunken, dann gab's Streit. Da wird bei mir irgendwas aufgewühlt, was mich

vielleicht gar nichts angeht, aber ich hör' das dann, und dann ist bei mir Kurzschluß.
Ein Beispiel: Ich hatte 'ne Wohnung, Möbel, alles. Ich konnte echt zufrieden sein – bis auf den Kontakt, der hat mir gefehlt. Dann hab' ich Geburtstag gehabt, hatte Kollegen eingeladen, die ich so nebenbei kannte, mein Bruder unter anderem war auch dabei, mit dem hab' ich mich ganz gut verstanden. Da haben wir in meinen Geburtstag reingefeiert mit Korn und Cola, alles durcheinander getrunken. Und nachher alles in ein Glas rein und einfach weg. Und morgens so gegen fünf bin ich dann ausgeflippt. Da ging irgendwas los mit Eltern, mit schmutzig und hier und da, auf jeden Fall, ich weiß es nicht mehr, ich krieg's nicht mehr zusammen, hat mich das so angemacht – erst gab's mündlich Streit, und dann hab' ich so richtig Theater gemacht, Zäune mit Pfählen rausgerissen, so Jägerzäune meterweise. Also, wo ich die Kraft hergenommen hab', weiß ich bis heute nicht. Dann wurde die Feuerwehr gerufen, da hab' ich mich so gewehrt, daß die Verstärkung holen mußten. Sechs Rolandwagen waren da, und die sind dann auf mich losgegangen. Es hat eine Stunde gedauert, bis die mich in Fesseln hatten. Also so was muß man sich mal vorstellen. Das ist doch kein normaler Mensch. Und dann bin ich in einer Badehose abgeführt worden.

Frage: Ist so etwas noch mal passiert?

Heiko: Das zweite Mal, als ich Osterurlaub bekam. Da wußte ich schon, daß mit meiner Frau nicht mehr alles in Ordnung ist. Aber ich hab's über mich ergehen lassen, ich wollte wenigstens mein Kind mal sehen und ein bißchen den Kontakt halten. Kaum war ich zu Hause, da macht man sich über mich lustig. Also, der Nachbar, so ein Dicker, fängt an hinter meinem Rücken rumzulästern. Das ist mir zuviel gewesen, ich konnt' das nicht ertragen. Ich hab' mir zwei Flaschen Weinbrand in 'n Kopp gehauen, dann bin ich wieder total ausgeflippt und hab' mit meiner Frau Theater gehabt. Glücklicherweise ist meiner Frau nichts passiert, niemandem. Und dann wurden wieder drei Streifenwagen gerufen, die wurden auch nicht mit mir fertig. Ich hab' das so gut wiedergegeben, wie man mir das erzählt hat, bei mir ist der Film gerissen. Wenn ich nicht loskomme vom Alkohol, dann weiß ich auch nicht.

Frage: Ist Ihnen die Gruppe hier im Gefängnis eine Hilfe?

Heiko: Ich bin jetzt zwei Jahre dabei. Richtig weg vom Alkohol bin ich noch nicht. Ich geh' hauptsächlich zu diesen Gruppen, weil ich da sprechen kann, so wie ich es jetzt hier tue. Ich kann meinen seelischen Ballast abladen und wegschmeißen und mich durch andere Aussagen ein bißchen hochheben.
Ich hab' mir schon mal das Leben nehmen wollen, hab' mir die Adern aufgeschnitten mit 'ner Rasierklinge. Ich hatte die Schnauze voll, ich wollte nicht mehr, kein Stück. Ich hab' die Haft vor Augen gesehen, die, die ich noch hab', und die, die ich schon rumhab', und meine Vergangenheit, da ist nicht ein Funken Freude bei.

Frage: Erzählen Sie doch noch mal von Ihrem Elternhaus. Was ist Ihr Vater von Beruf?

Heiko: Dachdecker. Er ist aus der Ostzone geflohen, wurde hier aber nicht als Dachdecker anerkannt und mußte als Hafenarbeiter und Gelegenheitsarbeiter sein Geld verdienen. Anders war das bei mir nachher auch nicht. Ich hatte eine Glaserlehre angefangen. Nach einem Jahr war das vorbei, weil ich übermüdet zur Arbeit kam. Ich mußte mit meinem Vater abends noch Sperrmüll suchen, damit wir noch nebenbei Geld verdienten, Buntmetalle, allen Mist und Dreck. Das mußte ich schon machen, als ich noch zur Schule ging. Dann sind wir von Gröpelingen bis Blockland, Achterdiek, was weiß ich, zu Fuß gelaufen, das muß man sich mal vorstellen. Der hat 'nen Schritt am Leib gehabt, da bin ich kaum mitgekommen, und das kreuz und quer durch die Stadt und dann die ganze Strecke wieder zurück. Wenn ich nicht wollte, kriegte ich Prügel oder Stubenarrest. So sah das aus, so was hat man gefühlt, mitgemacht, das kann man nicht in die Ecke schieben und vergessen.

Frage: Haben Sie noch Geschwister?

Heiko: Ja, vier Stück. Mein jüngster Bruder sitzt auch.
[Anm.: Er hat sich kürzlich in der Jugendstrafanstalt Bremen das Leben genommen.]
Ich hab' erst vor kurzem erfahren, daß ich nicht von meinem Vater sein soll, daß ich unehelich geboren bin, das steht in meinen Papieren, das wußte ich alles gar nicht. Auch nicht, daß meine Mutter im höchsten Grade schwachsinnig ist. Das hat der alles an mir ausgelassen.

Frage: Sie sprachen auch mal davon, daß Sie im Heim waren. Wann war das?

Heiko: Mit 15 bin ich ins Heim gekommen nach Hannover, zusammen mit meinem zweitältesten Bruder. Wir waren da zwei Jahre. Ich war unheimlich schüchtern, zuckte immer, wenn einer von hinten kam, so richtig verstört. Und da hab' ich 'nen guten Lehrer gehabt, der mochte mich sehr, der hat mir geholfen, der hat es richtig verstanden, auf mich einzugehen. In Sport hab ich 'ne Eins gehabt, war der Beste aus der ganzen Klasse und der Jüngste und hab' die schwersten Übungen gemacht. Ich fühlte mich in der Nähe von meinem Lehrer sicher. Das war ein wunderbares Gefühl, das kannte ich überhaupt nicht. Wenn der in meiner Nähe war, hatte ich keine Angst, egal was ich gemacht hab', 'nen Salto nach hinten hab' ich gemacht, ohne zu überlegen.
Später, als ich wieder zu Hause war, hab' ich als Schweißer gearbeitet. Ich fühlte mich da aber nicht wohl, wollte unter Menschen, die sich mit mir unterhalten, und die fand ich im Bahnhofsviertel. Da lief so manches, und mit einem Mal sitzt man drin, das geht ruckzuck. Ich hab' dann Autodiebstähle begangen. Wenn ich 'n Auto hab', bin ich glücklich, dann bin ich frei, kann was aufweisen, kann auch was kriegen, 'ne Frau oder so. In den Diskotheken kriegt man sofort mit 'nem Wagen eine, und das gefiel mir, das hab' ich ziemlich oft gemacht. Das war einfach schön, obwohl ich wußte, irgendwie ist das alles großer Mist. Und genauso war das auch, als ich schon verheiratet war. Als ich merkte, daß meine Frau mit dem Nachbarn anbändelte, bin ich mit 'nem Kumpel losgegangen. Wir haben Einbrüche gemacht, damit wir ordentlich Geld hatten, damit wir rumspinnen konnten. Dem Diskjockey haben wir 'ne Kiste Bier spendiert und all so 'n Quatsch. Diese Sachen fielen in die Bewährungszeit, und damit war die dann durch. Ich brauch' immer irgendwelche Bestätigungen, sogar mir selbst gegenüber.
Jetzt mach' ich glücklicherweise den Sprecher in der AA-Gruppe, jeden Dienstag und Freitag, das macht mir unwahrscheinlich Spaß. Wenn man da vorne sitzt und das Ganze vor sich hat sozusagen, das gibt einem schon was, das ist irgendwie wunderbar.
Und das will ich auch draußen schaffen, Schritt für Schritt. Je besser man sich fühlt, desto besser wird's. Das Schlechte ist echt zuviel bei mir gewesen. Ich hab' auch wirklich vor, in so ein Ding

hier nicht wieder reinzukommen. Ganz egal wie schlecht es mir draußen gehen würde.

Frage: Fühlen Sie sich als Alkoholiker?

Heiko: Was heißt fühlen? Irgendwelches Schuldbewußtsein hab' ich schon. Aber ich trink' ja nur, wenn ich in die Enge getrieben werde oder wenn ich Ärger hab' und nicht mit mir zurechtkomme. Dann trink' ich nämlich aus Verzweiflung und Kummer, und da wird es gefährlich, weil ich zuviel trink'. Daß ich den Kram haben muß, wenn ich ihn seh', so ist es nicht. Ich trink' nur, wenn ich keinen anderen Ausweg finde. Ich versuch' aber, das so lange zurückzuhalten, bis es nicht mehr geht. Was dann so alles über mich reinbricht, das ist Wahnsinn. Ich weiß nicht, wie es bei anderen ist, aber bei mir ist es grausam. Dann meine ich immer, es gibt überhaupt keinen Menschen, der sich für mich interessiert. Du bist doch nur unnütz, du bist doch nur im Weg, so Gefühle hab' ich dann.
Ich denke oft an meinen Sohn, der soll's mal gut haben, aber bei 50 000 Mark Schulden ist nicht so viel drin.

Frage: Wie alt ist Ihr Sohn?

Heiko: Zweieinhalb.

Frage: Wird er bei der Mutter bleiben?

Heiko: Ja, ich fühle, daß das das Beste ist. Ich mach' meiner Frau auch keine Schwierigkeiten. Nur soll sie mich auch in Ruhe lassen und mir nicht die Nerven kaputtmachen. Sie will mit dem machen und mit mir, sie will keinen aufgeben. Wär' ich draußen, sagt sie, wär' alles klar, aber solange ich hier drinnen bin, ist der andere eben besser. Wär' schön, wenn alles in Ordnung wär', aber was ich da schon alles durchgemacht hab', das ist Quatsch, daß man das wieder anfängt. Der Streit, der dann entsteht, irgendwie ist Mißtrauen da, und schon wird der alte Mist wieder aufgewühlt. Ich möchte das Beste für das Kind, aber erst mal muß ich meine Schulden bezahlen.

Frage: Wodurch sind die Schulden denn entstanden?

Heiko: Durch Sachschäden, die wir angerichtet haben, und

durch Gerichtskosten. Ich hab' ja unzählige Termine gehabt. Erst mal unbestimmte Jugendstrafe von 18 Monaten bis drei Jahre oder so und dann wieder und wieder, da sind dann fünf Jahre daraus geworden. Und jetzt mit meiner Bewährung hab' ich drei Jahre bekommen und dann noch mal drei Jahre und 'n paar Monate. Immer nur, weil ich ausgeflippt bin und weil ich mich großtun wollte.

Frage: Dieses Bedürfnis, anderen zu gefallen, akzeptiert zu werden, das ist ja nicht weg. Was wird sein, wenn Sie rauskommen?

Heiko: Das weiß ich nicht. Ich kann nur sagen, was früher war. Da hab' ich Leute, die keine Bleibe hatten, keine Wohnung und nichts, die hab' ich bei mir aufgenommen. Mit denen hab' ich getrunken, die haben mir echt leid getan, die Kerle. Da ist mir so durch den Kopf gegangen: »Mensch, wenn du auch eines Tages hier so sitzt...« Ja, und dann hab' ich denen geholfen, hab' die zwei bis drei Monate verpflegt von meinem Geld, was ich vom Sozialamt bekommen hab'. Und die haben mich noch beklaut. Aber ich hab' auch Freunde gefunden, mit denen ich reden konnte. Die waren mir näher als meine Eltern. Und dann hatte ich auch manchmal das Gefühl: »Du bist doch nicht das letzte Stück Dreck.«

Frage: Wie stellen Sie sich Ihr Leben vor, wenn Sie hier rauskommen?

Heiko: Ich hoff', daß es mir mal besser geht, daß der Tag kommt, wo ich wer bin, wo ich sein kann, wie ich sein will. Manchmal bau' ich mir so 'ne Scheinwelt, das ist nicht gut, das weiß ich. Aber was ich will, ist nicht zuviel: bescheiden, glücklich und zufrieden, nicht Auto und Geld, sondern Frau, Kinder, 'ne schöne Wohnung, mehr will ich nicht. Und das muß man doch schaffen können.

Heiko wird im April 1982 aus der Haft entlassen.

Reinhard erzählt sein Leben

Ich bin 38 Jahre alt und Koch von Beruf. Ich möchte es chronologisch schildern. Mit 13 hab' ich mit dem Trinken angefangen. Ich hab' hin und wieder in der Schnapsfabrik gearbeitet, wir waren sechs Kinder zu Hause, und da war das Geld immer knapp. Da bin ich zum ersten Mal mit Alkohol konfrontiert worden. Später in meinem Beruf als Koch hat sich das fortgesetzt. Ich bin homosexuell, und als meine Eltern das rausbekamen, steckten die mich in eine psychiatrische Klinik. Als ich da nach neun Monaten entlassen wurde, fing ich eigentlich richtig an. Ich hatte keine richtige Aufgabe und hab' dann die Zeit mit Trinken totgeschlagen. Das bißchen Geld, was ich hatte, Taschengeld, hab' ich restlos versoffen und hab' mich zum Hanswurst gemacht bei den anderen, damit die mir was zum Trinken ausgaben.

»Ich bin unwahrscheinlich liebebedürftig«

Ich wußte relativ früh, daß ich homosexuell bin, schon so mit 13, weil ich damals schon sexuelle Beziehungen zu Männern hatte. Ich suchte die regelrecht. Anfangs merkten meine Eltern das nicht, aber ich hatte immer was zu verbergen. Ich mußte immer lügen. Wenn die mich fragten: »Wo warst du?«, zum Beispiel wenn ich in der Badeanstalt einen Mann kennengelernt hab' und mit dem nach Hause bin, dann mußte ich die anlügen. Die haben mich aber auch regelrecht zum Lügner erzogen. Mein Vater sagte immer: »Wenn du die Wahrheit sagst, schlag' ich dich nicht.« Und wenn ich dann die Wahrheit gesagt hab', wenn ich was angestellt hatte, hab' ich erst recht Prügel bezogen. Also konnte ich gar nicht mehr die Wahrheit sagen.
Ich hab' mich nur bei fremden Leuten aufgehalten, zu Hause fühlte ich mich nicht wohl. Zu meinem Vater hab' ich ein sehr schlechtes Verhältnis gehabt. Nachdem ich aus der Nervenklinik entlassen worden war, kam ich nach München. Dort arbeitete ich über drei Jahre in einem Restaurant, bis ich dann wegen übermäßigen Alkoholgenusses rausgeschmissen wurde.
Ich hatte wegen meiner Homosexualität unheimliche Komplexe, und das brach richtig durch, als mir klar wurde, daß ich meinen Sexualtrieb nicht ausleben kann, daß es eine Norm gibt, die die Gesellschaft hat. Daß mir Vorurteile entgegengebracht werden und daß ich wieder lügen muß, vertuschen muß. Ich mußte vorgeben, jemand zu sein, der ich gar nicht bin. Ab da hab' ich mich immer mehr in der Subkultur aufgehalten.
Ich hatte immer weniger Lust zum Arbeiten, weil ich abends spät nach Hause kam und morgens nicht aufstehen konnte vor lauter

Katzenjammer. Um mir mein Leben zu finanzieren, bin ich auf den Strich gegangen. Eigentlich wollte ich mich abkapseln. Ich hab' mir eingeredet: »Du wirst überall abgelehnt, die mögen dich nicht.« Und dann bin ich so sehr in die Subkultur reingewachsen – das war für mich echt bequem –, bis ich 1964 zum ersten Mal ins Gefängnis gekommen bin, wegen Bettelei, für fünf Wochen. Ich hab' morgens eine Frau angebettelt, ich hatte kein Geld mehr. Das ist das erste Mal, daß ich das sage, da ist eine Hemmschwelle bei mir. Als ich aus dem Gefängnis kam, hab' ich neun Monate in der Schweiz gearbeitet. Zu dieser Zeit hielt ich mich eigentlich in Maßen, ich hatte sogar Pflichtbewußtsein entwickelt. Dann lernte ich einen Typ kennen, der arbeitete auch in Z., und auf den war ich maßlos eifersüchtig. Ich war unwahrscheinlich liebebedürftig. Ich hab' meine Arbeit schluren lassen, hab' dem nachspioniert, was er treibt und macht, weil er bisexuell war. Ich bin dann auf meiner Arbeitsstelle entlassen worden und hab' eine Zeitlang von meinem Gesparten gelebt. Bis ich eines Tages kein Geld mehr hatte und stehlen gegangen bin. Dabei bin ich erwischt worden und ins Gefängnis gekommen. Da fragten die mich nach meinen Kontakten aus, und ich erzählte denen, daß ich mit dem und dem zusammengewohnt hab'. Ich kam in so eine Homosexuellenliste und wurde des Landes verwiesen auf fünf Jahre.

»Ich bin auf den Strich gegangen und hab' mein Geld versoffen«

Ich fuhr nach Deutschland und arbeitete überhaupt nicht mehr. Ich ließ mich total gehen, hab' mich nur bemitleidet und gesagt: »Keiner versteht mich, die lehnen mich alle ab, weil ich so bin.« Ich konnte mich selbst nicht leiden. Ich hab' mich auffallend benommen, die Haare blond gefärbt, bin auf den Strich gegangen und hab' mein Geld versoffen. Ich hab' mal da, mal dort gewohnt, hatte keine eigene Wohnung. Bald darauf landete ich wieder im Knast, für ein Jahr. Danach bin ich nach Italien gegangen, bis ich Tbc-krank wurde. Meine Arbeitserlaubnis wurde aufgrund meiner Krankheit nicht verlängert. Ich kam dann in Deutschland in eine Klinik. Körperlich war ich dermaßen auf dem Hund, daß sich die behandelnde Ärztin mit meinen Eltern in Verbindung gesetzt hat, weil ich unbedingt Pflege brauchte. Meine Mutter, die selbst Ärztin war, hat sich bereit erklärt, mich zu Hause aufzunehmen. Mein Vater hatte sich um

180 Grad gedreht, er war seelengut zu mir. Er hat mich echt bemuttert. Meine Mutter war krebskrank, die konnte grad vom Bett zum Tisch gehen, und so mußte ich den ganzen Haushalt machen, weil einfach niemand sonst da war. Mein Vater hat gesagt: »Ich bin froh, daß du da bist, jetzt hab' ich wenigstens einen Blitzableiter.« Meine Mutter muß meinen Vater wahnsinnig drangsaliert haben, nachdem sie erst mich drangsaliert hatte. Heute kann ich das verstehen. Sie war tablettensüchtig. Sie saß am Tisch und pfiff eine Tablette nach der anderen ein, rauchte wie ein Schlot und trank furchtbar viel Kaffee.

»Irgendwann bin ich wieder geschnappt worden«

Ich hab' noch vergessen zu erzählen, daß ich zwischenzeitlich auch einen Freund hatte, an dem ich sehr hing und der im Januar 1971 gestorben ist. Ich bekam von seiner Schwester ein Telegramm, ich soll die Sachen in unserer Wohnung in K. abholen. Ich hab' meiner Mutter gesagt, daß ich Geld brauche, um da runterzufahren. Sie ist ausfallend geworden, und da bin ich durchgedreht. Ich hab' dann eine Stelle als Pferdepfleger gefunden. Das war eigentlich eine wunderbare Arbeit für mich, aber ich kriegte Krach mit einem Fabrikanten, der wußte, daß ich vorbestraft bin. Der klaute immer Hafer für sein Pferd, wenn er morgens um sechs kam. Ich kam immer erst um sieben, und eines Tages hab' ich ihm dann gesagt: »Dann muß ich eben die Haferkiste zuschließen, so geht das nicht.« Und da rieb der mir unter die Nase, was ich für ein Flittchen wär, und er würde schon dafür sorgen, daß ich rausfliege. Da hab' ich's mit der Angst gekriegt und bin saufen gegangen. 150 Mark hab' ich versoffen. Morgens hatte ich so eine Bombe, und da kam mir ins Bewußtsein, was ich angestellt hatte. Ich hab' nicht mehr gewagt, dahin zu gehen, bin einfach abgehauen, hab' noch Schecks eingelöst beim Kaufmann, die ungedeckt waren, nur damit ich genug Geld hatte, und bin nach Österreich gegangen. Da hab' ich dann schwarzgearbeitet, bis rauskam, daß ich keine Arbeitserlaubnis hatte.

Ab da hab' ich nur noch mit Diebstählen und Betrügereien mein Leben gefristet. Irgendwann bin ich geschnappt worden und für drei Jahre in Österreich ins Gefängnis gekommen.

1974 kam ich zurück nach Deutschland und hab' gleich wieder Arbeit gefunden. Mit dem Alkohol, das hatte ich immer noch nicht begriffen. Mit der Wirtin hab' ich mich sehr gut verstanden, die hat mir Vertrauen entgegengebracht. Aber kaum war ich drei Wochen da, lernte ich Leute kennen in der Kneipe, lud die zum Frühstück ein und log denen vor, ich hätte ein eigenes Lokal. Und als die kamen, bewirtete ich die mit Kalbsfilets und ganz erlesenen Sachen. Mittags bin ich dann zusammengeklappt durch den Alkohol. Mein Arbeitgeber erfuhr davon und kündigte mich fristlos. Sechs Wochen lag ich im Krankenhaus, und als ich entlassen wurde, bekam ich eine Krankenhausrechnung über 4500 Mark. Das war alles meine Schuld, das wär' nicht nötig gewesen, die Voraussetzungen waren ja da, daß ich hätte Fuß fassen können. Aber ich bin jeden Abend losgegangen in die Kneipe, hab' immer gemeint, in den Jahren, die ich im Gefängnis war, hab' ich was versäumt. Ich wollte alles nachholen.

»Ich hab' wirklich gehofft, ich könnte mir was aufbauen«

1973 ist meine Mutter gestorben, und ich hatte 30000 Mark geerbt, ich erfuhr davon aber erst Ende 1975, als ich schon wieder in Haft war. Als Freigänger lernte ich dann einen Franzosen kennen, der als Übersetzer arbeitete. Der konnte fünf Sprachen, war hochintelligent, und der schwärmte immer davon, ein Restaurant aufzumachen. Wir realisierten das tatsächlich, der nahm 90000 Mark Kredit auf, ich hab' meine 30000 eingebracht, und wir haben den Laden genommen. Die Konzession lief auf seinen Namen, ich hätte die sowieso nicht bekommen als Vorbestrafter. Am 15. April 1976, ich war inzwischen entlassen, eröffneten wir das Lokal. Und das lief wahnsinnig gut. Nur mein Partner ist Lederfetischist und fuhr zu jedem Ledertreffen, egal wo das war, Paris, London, Hamburg, egal. Er war so ein kleiner Steppke und hatte wohl dadurch Komplexe, er kam mit keinem Menschen aus. Die Fluktuation bei unserem Personal war ungeheuer groß, dauernd Wechsel.

Ich fing wieder an zu trinken. Ich versuchte, deutsche Küche einzuführen; wir hatten nur französische Küche abends. Überwiegend lief das gut, nur mittags war sehr wenig los. Ich hab' dann vorgeschlagen, um Kundschaft zu kriegen, mittags Abonnement-Essen zu machen, und plötzlich war der Laden brechend voll. Viel verdient worden ist nicht, aber wo Gäste sind, kommen Gäste nach, hab' ich mir gesagt. Wir hatten auch Prominente vom Film und Theater bei uns und viele Geschäftsleute. Darun-

ter litt mein Freund, der konnte mit den Gästen nicht richtig umgehen. Er bediente die Leute im gestreiften Anzug abends. Ich erzähl' davon soviel, weil das etwas war, wo ich dran hing, wo ich auch mal eigenes Geld reingesteckt habe und wo ich wirklich mal was auf die Beine stellen wollte. Das Ende vom Lied war, daß der Laden pleite ging. Mein Geld war futsch, und mein Freund hat heute noch einen Haufen Schulden.
Ich hab' damals wirklich gehofft, ich könnte mir was aufbauen. Ich hatte eine eigene Wohnung, was ich jahrelang nicht hatte. Von eigener Hände Arbeit Geld verdient und von diesem Geld mir ein Appartement eingerichtet, mit Liebe die Sachen ausgesucht, teilweise selbst gestrichen, was ich noch nie gemacht hab'. Das alles hab' ich stehen- und liegenlassen, wie es war, das Telefon nicht abgemeldet, nichts. Ich bin einfach abgehauen nach Hamburg. In Hamburg fand ich eine Arbeit als Koch in einem Nachtrestaurant auf St. Pauli, da verdiente ich 1800 Mark netto im Monat, und Getränke standen mir kostenlos zur Verfügung. Das nutzte ich weidlich aus. Ich machte den ganzen Laden allein, aber ich war jeden Tag besoffen. Ich fing abends um sechs an zu arbeiten und kam morgens um zehn voll nach Hause. Das war ein Kreislauf ohne Ende. Ich kam zu nichts. Die einzigen Unkosten, die ich hatte, waren Telefon und Miete, alles andere hatte ich frei. Als ich nach neun Monaten entlassen wurde, hatte ich trotzdem 1000 Mark Schulden, weil ich alles versoff.

»Ich hatte wahnsinnige Angst vor dem Alleinsein«

Ich bin dann auf den Strich gegangen als Transvestit, das war die letzte Stufe, die ich dann erreicht hatte. Zum Schluß nur noch, um an Alkohol ranzukommen. Wenn ich dann einen Herrn hatte – das hört sich makaber an, aber es war so –, für 20 oder 30 Mark hab' ich alles gemacht. Das Geld hab' ich umgehend in Alkohol umgesetzt. Wenn der alle war, bin ich wieder losgezogen. Bis ich auch dazu nicht mehr fähig war. Ich war nicht mal mehr in der Lage, einen Gast anzumachen. Die letzten drei Monate hab' ich mich nur noch in der Subkultur aufgehalten und Tag und Nacht gesoffen. Ich fing an, Hasch zu rauchen oder Marihuana, aber keine harten Drogen. Hin und wieder hab' ich einen halben Trip geschmissen und dann Orgien gefeiert. Zum Schluß war mir alles egal, Hauptsache war, ich hatte Stoff, und ich war unter Leuten. Denn ich hatte wahnsinnige Angst vorm Alleinsein. Wie oft hab' ich den Notarzt angerufen. Der kam dann, sprach beruhigend auf mich ein, dann kriegte ich eine Spritze, und dann war es wieder gut. Einmal war es so schlimm, da wurde ich ins Altonaer Krankenhaus gebracht mit einer hochgradigen Alkoholvergiftung.

»In der AA habe ich die »höhere Macht« kennengelernt«

Am 9. Februar wurde ich dann endlich verhaftet. Gott sei Dank, muß ich sagen, wenn ich das aus meiner heutigen Sicht sehe. Ich sollte erst nach Neuengamme kommen in die halboffene Anstalt. Da wollte ich nicht hin, ich wollte auf eine Einzelzelle. Wegen meiner Sexualität habe ich im Knast immer Probleme gehabt, nicht, daß ich mich sexuell betätigt hätte, aber Homosexuelle werden im Knast auf der untersten Stufe behandelt. Bei denen versuchen die Mitgefangenen ihre Aggressionen abzulassen, indem sie auf dem noch Tieferen herumtreten.

Ja, und dann bin ich nach Bremen gekommen, und hier erfuhr ich von der AA-Gruppe. Die erste Zeit wollte ich auch nur wieder abstauben. Ich hab' gedacht: »Ich geh' da mal hin, da gibt's bestimmt was.« Bis ich gemerkt hab', die lassen dich reden und so, und da hab' ich dann von der »höheren Macht« erfahren. Das ist ein Lieblingsthema von mir. Ich bin katholisch erzogen worden und wurde als Kind auch angehalten, in die Kirche zu gehen, was ich auch tat, aber ich war Katholik, kein Christ. Erst in der AA hab' ich Gott kennengelernt und hab' die »höhere Macht« für mich als Gott angenommen. Das ist kein Spinnkram von mir, ich steh' dazu. Mit Gottes Hilfe laß' ich das Glas stehen, und mit Gottes Hilfe hab' ich auch das Rauchen aufgegeben. Und mit Gottes Hilfe bin ich mit meiner Sexualität einigermaßen ins reine gekommen.

Mein Problem ist gewesen, ich hab' mich in der Vergangenheit immer bei den verkehrten Menschen aufgehalten, sonst wär' ich nicht soweit, wie ich heute bin, dann wär' ich nicht immer wieder in den Knast gekommen. Ich seh' doch jetzt durch die Arbeit an mir, daß ich auch von anderen draußen anerkannt werde. Ich glaube, ich bin voll integriert, ich brauch' nur noch überzuwechseln vom Knast in eine Wohnung. Der Bekanntenkreis wird mit der Zeit größer. Und das werden ab jetzt Leute sein, die auch mit dem Alkoholproblem konfrontiert worden sind. Ich bin froh, daß es diese Menschen gibt. Auch in 20 Jahren wird es die AA geben, wo ich hingehen kann, wo ich reden kann über jedes Problem, auch über meine Sexualität. Darum habe ich mich wohl auch so gefangen. Und vielleicht bin ich ja eines Tages mal so weit, daß ich, so wie Erika, anderen Menschen helfen kann.

Reinhard hat während seiner Haftzeit eine Lehre als Bekleidungsnäher gemacht. Im November 1980 wird er aus der Haft entlassen.

Das »Ehemaligentreffen«

In der Bremer Suchtklinik finden seit Jahren »Ehemaligentreffen« statt. Das heißt, ehemalige Patienten geben ihre Erfahrungen an die weiter, die noch in der Klinik therapiert werden. Erika besucht seit sechs Jahren einmal monatlich dieses Treffen. Es ist für sie die hautnahe Bestätigung, daß sie es geschafft hat. Der Ablauf ist ähnlich wie in den meetings der Anonymen Alkoholiker.

Erika: Die erste Zeit bin ich zum »Ehemaligentreffen« gegangen, um den Therapeuten zu zeigen, daß ich draußen klarkomme. Die hatten mir ja keine Chance gegeben. Später, als ich länger trocken war, um anderen Mut zu machen und ihnen zu sagen: »Es geht.« Ich bin stolz, daß ich schon so lange trocken bin. Letztes Mal konnte ich sagen: »Gestern war ich sechs Jahre trocken.« Allerdings sage ich auch dazu, wie schnell man wieder aus seiner zufriedenen Nüchternheit rausgeholt werden kann. Wenn ich nur daran denke, wie ich neulich durchhing, als unser Stefan so krank war. Ich vergesse also nie, dazuzusagen, daß es schwer ist trockenzubleiben.

Mein Name ist Helmut.

Ich bin erst seit kurzem hier in der Klinik, und ich hoffe, daß ich hier Hilfe kriege, um vom Alkohol loszukommen. Mein Hauptproblem ist, daß mir meine Frau weggelaufen ist, kurz bevor ich in die Klinik kam, und ich sehe auch keine Möglichkeit, daß das wieder gut werden könnte. Ich möchte die Ehemaligen fragen, wie das draußen nach der Klinik weitergeht. Davor habe ich jetzt schon die meiste Angst, daß ich wieder konfrontiert werde mit allem, was draußen auf mich zukommt. Ich bin kein Mensch, der sich bei Behörden durchsetzen kann und so, und deshalb hab' ich früher auch immer getrunken. Was passiert, wenn ich wieder rauskomme?

Ich heiße Ralph, bin alkohol- und medikamentenabhängig.

Ich hab' erwartet, als ich rauskam, daß alles Friede, Freude, Eierkuchen ist, daß die den guten Jungen in den Arm nehmen und sagen: »Jetzt schluckt er ja nicht mehr, und jetzt ist er auch wieder der Gute.« Die haben mir was gepfiffen, die Leute. Irgendwie war ich ganz schön enttäuscht, daß die nicht alle sagten: »Das ist ja fein, daß du nicht mehr trinkst.« Und ein bißchen bewundert werden wollte ich auch, aber das hat keiner gemacht. Die haben das alle als selbstverständlich hingenommen, daß ich nicht mehr trinke. Ich meine, das ist auch gut so. Wenn die angefangen hätten, mich in den Himmel zu heben, ich hätte spätestens nach ein paar Tagen wieder geschluckt. Das weiß ich ganz genau. Danke.

Ich heiße Ulrich und bin Alkoholiker.

Ich war vor vier Jahren in der Therapie, und mein eigentliches Problem nach der Therapie war das große Loch, das ich erlebt habe, wie fülle ich das? Was mache ich mit meinem Leben? Ich hab' mich ja jeden Tag betäubt und bin vor mir weggelaufen, und was mache ich jetzt mit den frei werdenden Kräften? Sonst saß ich oft abends in Kneipen, hab' mich großgetan mit meiner Flasche, indem ich Kontaktschwierigkeiten überspielt habe. Und was mache ich jetzt, nachdem mein Lebenspartner, der Alkohol, nicht mehr da ist? Dann bin ich einfach mal Rad gefahren oder gelaufen, bei jedem Wetter, Hauptsache, ich hab' was gemacht. Was, war mir damals noch nicht so wichtig. Ich bin auch heute noch ein eingeschworener Einzelgänger, weil ich das Gefühl habe, daß ich erst einmal mit mir allein fertig werden muß und mit meinen Schwierigkeiten. Ich hatte in dieser Woche so ein Gefühl, ich bin außer mir, ich bin nicht bei mir. Ich habe zwar meinen Körper erlebt, aber ich habe nur reagiert und nicht von mir aus agiert. Und da habe ich mal wieder so eine kleine Bilanz oder Kapitulation gemacht vor meinen Zuständen. Ich hab' erstens gemerkt, daß ich zur Zeit keine bejahte Beziehung habe, daß meine Freude an der Arbeit nicht besonders groß ist und daß

ich im Augenblick keinem ausgesprochenen Interesse nachgehe.
Nachdem ich mir das im Tagebuch aufgeschrieben habe, ging's mir schon besser. Ich kann jetzt wieder Dinge anfangen, zu Leuten hingehen. Das kommt jetzt langsam wieder.
Ich habe einen Beruf im sozialen Bereich, wo ich nachmittags und abends arbeite und von daher nicht regelmäßig zu den Gruppentreffen der AA gehen kann, und da ist das »Ehemaligentreffen« für mich eine Möglichkeit, mich mit mir und anderen über meine Fragen auseinanderzusetzen. Danke.

Ich heiße Rolf und bin Alkoholiker.

Ich bin im Dezember aus der Klinik gekommen nach zehn Wochen Therapie, und ich muß sagen, daß ich in der Therapie für mich sehr wenig getan habe. Ich bin mit guten Vorsätzen rausgegangen. Weihnachten war ich bei AA-Freunden eingeladen, und auch Silvester hab' ich ohne Probleme überstanden, und es war für mich ein Erfolgserlebnis, auch über die Feiertage trocken zu sein. In der letzten Zeit bin ich nur noch einmal in der Woche zu meiner Stammgruppe gegangen.
Ich wollte unbedingt eine Partnerin haben. Ich habe eine Bekanntschaftsanzeige aufgegeben, und das hat mich einen Rückfall gekostet. Das hat mich dermaßen in Probleme gestürzt und mir nur Enttäuschungen gebracht. Man hatte mir schon in der Gruppe gesagt, daß es nicht gut ist, was übers Knie zu brechen. Jedenfalls hatte ich vor drei Wochen einen Rückfall. Und da war ich genau an dem Punkt wieder, wo ich aufgehört hatte, vielleicht sogar noch schlimmer. Ich hab' auch in meiner Firma wieder gebummelt, hab's Gott sei Dank aber wieder hinbiegen können, das heißt, man hat mich wieder genommen, so in Gnaden. Meine Partnerschaftssuche hab' ich jetzt erst mal aufgegeben. Das war alles so schwierig, das konnte ich noch gar nicht verkraften. Obwohl ich von vornherein geahnt hatte, daß ich mit Enttäuschungen nicht fertig werden würde, hatte ich doch gemeint, ich müßte das anpacken, und hatte auch gehofft, ich würde es schaffen. Danke.

Mein Name ist Harald, ich bin Alkoholiker.

Ich bin erst seit anderthalb Wochen aus der Klinik. Mit der Freizeit komme ich nicht zurecht. Ich hab' noch keine Arbeit,

bin arbeitslos, hänge den ganzen Tag rum, laufe zwar zu Behörden, erledige dies und das, aber es bleibt ein unwahrscheinlicher Zeitüberschuß, den ich nur dadurch überbrücken kann, daß ich zur Kontaktstelle gehe, mich da hinsetze und mit den anderen unterhalte. So komme ich wenigstens einigermaßen mit meiner vielen Freizeit über die Runden. Ich gehe auch regelmäßig in die AA-Gruppen.
Ich fand es grausam, aus der beschützenden Käseglocke der Therapie in die Freiheit geschubst zu werden. Erst hab' ich mich mit Händen und Füßen gewehrt, in die Klinik zu gehen, und dann wollte ich nicht zurück nach Hause. Ich hab' einfach noch Angst, mich draußen so richtig frei zu bewegen. Neulich hab' ich wieder Bekannte aus meiner Saufphase getroffen, und die wollten mich animieren: »Nun trink mal einen mit.« Es war für mich ziemlich schwierig, das abzulehnen. Ich hab' aber trotzdem nein gesagt. »Ihr wißt ja, wo ich war, ich war in der Klinik.« Hab' denen das genau erklärt, aber sie wollten es nicht anerkennen. Sie haben gesagt: »Du hast doch gesoffen wie ein Loch, warum willst du denn jetzt aufhören, Mensch, nimm einen mit, gratis und so.« Ich hab's aber geschafft, das abzulehnen. Darüber bin ich sehr froh. Da kam ich mir echt ein bißchen sicherer vor, als ich das hinter mir hatte.

Gespräch mit Erika nach dem »Ehemaligentreffen«

Frage: Wie wird die Therapie von den meisten empfunden?

Erika: Viele finden sie furchtbar und grausam. Ich kann von mir nur sagen: Für mich war die Klinikzeit schwer und schön. Hier habe ich wieder angefangen zu leben, hier habe ich wieder Gefühle gekriegt, und ich hab' Fritz hier kennengelernt. Dem Neuen, der gerade in die Klinik gekommen ist, dem sage ich dann: »Wart's ab, du wirst schon noch merken, wie gut dir die Therapie tut.« Ich sage höchstens noch – weil ich davor auch am meisten Angst hatte –, daß man nicht eingeschlossen wird, daß man acht Tage im Bett bleiben muß, daß man ja freiwillig da ist und jederzeit wieder gehen kann.

Frage: Hattest du anfangs auch Angst vor »draußen«?

Erika: Ja, wahnsinnige Angst. Ich kann dann immer wieder nur sagen: Abwarten, auf sich zukommen lassen. Damals, als ich noch in der Klinik war und die Ehemaligen zu uns kamen, haben die uns immer geraten, schon von der Klinik aus in die Gruppen zu gehen. Das habe ich auch gemacht. Für mich war wichtig, daß der Kontakt schon da war und ich wußte, wohin ich gehen konnte, als ich wieder draußen war.

Frage: Mir ist aufgefallen, daß oft gefragt wird, ob man sagen soll, daß man Alkoholiker ist. Was antwortest du?

Erika: Daß das jedem selbst überlassen ist. Ich sage es dem, der mich fragt. Ich laufe ja nicht mit einem Schild um den Hals herum, auf dem steht, daß ich Alkoholikerin bin. Aber wenn mich jemand fragt, dann sage ich, daß es so ist. Ich sage dann allerdings den Patienten auch, daß mir das anfangs nicht möglich war und daß es eine Frage der Zeit ist, sich zu seiner Krankheit zu bekennen.

Frage: Was hat dir am meisten Kraft gegeben, einen Neuanfang zu versuchen?

Erika: Daß uns hier gesagt wurde, daß Alkoholismus eine Krankheit ist und ich mich deshalb nicht zu schämen brauche. Eine Krankheit, die zwar nicht heilbar ist, die aber zum Stillstand gebracht werden kann, wenn man bereit ist, was für sich zu tun. Und das war ich. Ich wollte von vorne anfangen. Obwohl ich mich in der Therapie manchmal ungerecht behandelt fühlte, habe ich alles getan, was der Doktor oder die Therapeuten gesagt haben. Auch als ich noch nicht sicher war, daß ich Alkoholikerin bin. Die hatten gesagt: »Kein Tropfen Alkohol wieder, nie wieder!« Und da hab' ich gesagt: »Ich will es wenigstens versuchen.« Wie es wird, wußte ich nicht, aber da wußte ich schon, daß es nie wieder so werden sollte, wie es war.

Adressenanhang

AA-Kontaktstellen in Deutschland

Über die nachstehend aufgeführten Adressen erhalten Sie weitere Auskünfte und Informationsmaterial. Hilfen geben auch die Gesundheitsämter und örtlichen Beratungsstellen gegen die Suchtgefahren.
Es gibt zur Zeit in der BRD etwa 800 AA-Gruppen und rund 300 AL-ANON-Gruppen.

Augsburg	Kontaktstelle Augsburg Hirblinger Str. 28 8900 Augsburg	Tel. 08 21/41 51 61
Berlin	Intergruppe Berlin Postfach 100 160 1000 Berlin 10	
Berlin	Fehmarner Str. 24 1000 Berlin 65	Tel. 0 30/4 53 71 33
Bremen	Kontaktzentrum Bremen Parkstr. 96 2800 Bremen 1	Tel. 04 21/34 27 66
Bremen	Landesgruppe Bremen Postfach 419 269 2800 Bremen 1	
Düsseldorf	Kontaktstelle der AA-Gruppen Düsseldorf Postfach 170 032 Ackerstr. 53 4000 Düsseldorf	Tel. 02 11/36 36 77 (Mo.-Fr. ab 18.00 Uhr, Sa. ab 15.00 Uhr)
Flensburg	Landesgruppe Schleswig- Holstein-Nord Postfach 109 2390 Flensburg	
Frankfurt	6000 Frankfurt/M.	Tel. 06 11/29 46 67 (werktags von 19.00–22.00 Uhr)
Gelsenkirchen	Kontaktstelle Nordrhein-Westfalen Postfach 127 Wittekindstr. 13 4650 Gelsenkirchen	Tel. 02 09/20 67 36 (Mo.–Fr. 19.00–22.00 Uhr)

Glinde	Landesgruppe Schleswig-Holstein-Süd Postfach 1102 2056 Glinde	
Hamburg	Landesgruppe Hamburg Postfach 111 344 2000 Hamburg 11	
Hamburg	Kontaktstelle Hamburg Kleine Rainstr. 10 2000 Hamburg-Altona 50	
Hannover	Landesgruppe Niedersachsen-Süd Postfach 3023 3000 Hannover 1	
Köln	Kontaktstelle der AA Köln Postfach 800 505 5000 Köln 80	
Mainaschaff	Intergruppe Mitte Postfach 33 8752 Mainaschaff	
Marbach	Intergruppe Süd Landesgruppe Baden-Württemberg Postfach 111 7142 Marbach/Neckar	
München	Deutsche Kontaktstelle der Anonymen Alkoholiker Postfach 422 8000 München 1	
München	Kontaktstelle München Postfach 120 122 8000 München 12	Tel. 089/36 65 55
München	Intergruppe Süd Landesgruppe Bayern Postfach 120 122 8000 München 12	
Nürnberg	Kontaktstelle Nürnberg Lothringer Str. 37 8500 Nürnberg-Süd	Tel. 09 11/45 45 46
Osnabrück	Landesgruppe Niedersachsen-Nord Siddelweg 1 4500 Osnabrück	
Wilhelmshaven	Kontaktstelle Wilhelmshaven Postfach 1321 2940 Wilhelmshaven	

AA-Kontaktstellen in Europa

Belgien	Algemeen Dienstbureau Weerstandlaan 33 Borgerhout 2200	Tel. 03 36–34–00
England	General Service Office 11 Redcliffe Gardens, London	Tel. 01–3 52–97 79
Finnland	AA Toimisto Pietari Hannikaisen Tie 1 P, Helsinki 00400	Tel. 9 05–76–3 97
Frankreich	GSO 65, Quai d'Orsay Paris	Tel. 7 05–44 87
Holland	Stichting Werkgroepen AA in Nederland Linnaemusparkweg 20 P. Box 1594 Amsterdam	Tel. 0 17 10–3 23 56
Irland	GSO Dublin 26 Essex Quay Dublin 8	Tel. 77 48 09
	Central Service Office Northern Ireland 73 Lisbon Road Belfast	Tel. 2 11 14–2 69 79
Norwegen	AA Landssekretariat Observatoriegt 10 Sentrum, Oslo 1	Tel. 44–82–00
Österreich	Kontakt: Hallein Postfach 91	Tel. 0 62 45–3 74 03
Schweden	Central Committee for AA in Sweden Box 16387 Stockholm 16	Tel. 08/52 69 62
Schweiz	Kontaktstelle der deutsch/schweiz. AA Box 32 Walzenhausen	Tel. 0 71/44 22 44

AL-ANON-Kontakte und -Gruppen

Hamburg	Intergruppe Nord Poolstraße 21 2000 Hamburg 1
Köln	Intergruppe West Postfach 800 504 5000 Köln 80
Mainaschaff	Al Anon Zentrale Kontaktstelle Postfach 34 8752 Mainaschaff
Mainaschaff	Intergruppe Süd Postfach 34 8752 Mainaschaff
Wiesbaden	Intergruppe Mitte Helmholtzstraße 3 6200 Wiesbaden

Weitere Kontaktstellen

Bochum	Blaues Kreuz in der evangelischen Kirche e. V. Mathiasstr. 1 4630 Bochum-Linden	Tel. 0 23 21/49 04 27
Freiburg i. Brsg.	Deutscher Caritas-Verband e. V. Referat Gefährdetenhilfe Postfach 420 Lorenz-Werthmann-Haus 7800 Freiburg i. Brsg.	Tel. 07 61/20 01
Hamburg	Deutscher Guttempler-Orden e. V. Adenauerallee 48 2000 Hamburg 1	Tel. 040/24 58 80
Hamm	Bischöfliche Hauptarbeits- stelle zur Abwehr der Suchtgefahren e. V. Haus Hoheneck Jäger-Allee 25 4700 Hamm/Westf.	Tel. 0 23 81/2 22 41
Hamm	Deutsche Hauptstelle gegen die Suchtgefahren Bahnhofstr. 2 4700 Hamm/Westf.	Tel. 0 23 81/2 58 55

Hamm	Kreuzbund Verband abstinenter deutscher Katholiken e. V. Jäger-Allee 25 4700 Hamm/Westf.	Tel. 0 23 81/2 22 41
Kassel	Gesamtverband für Suchtkrankenhilfe e. V. Brüder-Grimm-Platz 4 3500 Kassel	Tel. 05 61/1 70 27
München	Telefon-Notruf für Suchtgefährdete Christophstr. 6 8000 München 22	Tel. 089/28 28 22
Wuppertal	Blaues Kreuz in Deutschland e. V. Freiligrathstr. 27 5600 Wuppertal 2	Tel. 02 02/62 10 99 Tel. 02 02/62 10 90

Wer glaubt, nur über eine Kliniktherapie Hilfe zu finden, wendet sich am besten zuerst an die örtliche Suchtberatungsstelle. Er kann aber auch einen Arzt, seine Krankenkasse oder die Träger der Rentenversicherung als Anlaufstelle benutzen.

Für die Einweisung in eine Klinik sind folgende Schritte notwendig:
1. Der Patient erhält eine ärztliche Krankenhauseinweisung.
2. Er besorgt eine Kostenübernahmeerklärung seiner Krankenkasse.
3. Der Arzt fertigt einen Arztbericht an.
4. Diese drei Papiere werden der Fachklinik übersandt.
5. Der Patient erhält von der Klinik einen Aufnahmetermin.
6. Bei Einweisung durch Suchtberatungsstellen wird zusätzlich ein Sozialbericht benötigt.

(Aus einem Prospekt der Fachklinik Bad Tönisstein.)

Verzeichnis von Therapie-Einrichtungen mit einem Programm »mittelfristiger Therapie« von 6 bis 8 Wochen

Bad Herrenalb	Psychosomatische Klinik Bad Herrenalb Bernbacher Straße 33 7506 Bad Herrenalb	Chefarzt: Dr. Walther Lechler Tel. 0 70 83/20 71–72
Bad Tönisstein	Fachklinik Bad Tönisstein KG 5474 Bad Tönisstein	Tel. 0 26 36/28 03

Berlin	Jüdisches Krankenhaus Berlin Psychosomatische Abteilung Iranische Straße 2 1000 Berlin 65	Chefarzt: Dr. Lothar Schmidt Tel. 030/49 10 41
Bremen	Zentralkrankenhaus Bremen-Ost Psychiatrische Klinik III Sebaldsbrück Saarburger Straße 46 2800 Bremen	Chefarzt: Dr. A. D. Baumann Tel. 04 21/408–1
Fredeburg	Fachklinik Fredeburg Zu den 3 Buchen Schmallenberg 5949 Fredeburg	Chefarzt: Dr. Schäffer Tel. 0 29 74/64 64
Mülheim	Therapiezentrum »Streithof« Freundhofweg in Uhlenhorst 4330 Mülheim/Ruhr	Chefarzt: Dr. Dominicus Tel. 02 08/48 50 42
Oerrel	Haus Niedersachsen Therapiezentrum für Alkoholkranke 3121 Oerrel b. Hankensbüttel	Chefarzt: Dr. Lothar Schmidt Tel. 0 58 32/773 u. 777